I0052015

THÈSE

POUR

LE DOCTORAT.

THÈSE

POUR

LE DOCTORAT

PRÉSENTÉE ET SOUTENUE

Par JOHN **VALANTIN**, Avocat,

Né à Gorée (Sénégal).

TOULOUSE,

Typographie Troyes OUVRIERS RÉUNIS,

rue Saint-Pantaléon, 3.

1860.

A MON PÈRE.

A LA MÉMOIRE DE MA MÈRE.

MEIS ET AMICIS.

DE LA NATURE ET DES CARACTÈRES GÉNÉRAUX DU DROIT D'HYPOTHÈQUE.

La partie du Droit Romain, se trouvant intimement liée, dans ce travail, à celle du Droit Français, nous avons cru devoir la fondre dans l'ensemble général.

INTRODUCTION.

Avant d'entrer dans l'étude approfondie de notre matière, il semble nécessaire d'indiquer rapidement l'origine et le but du droit d'hypothèque.

Puis nous présenterons, dans un court aperçu, l'ensemble du plan général de ce travail, en signalant les motifs qui nous l'ont fait adopter.

§ 1. — *Origine et but de l'hypothèque.*

C'est dans ce principe qui veut qu'un débiteur satisfasse à ses engagements par tous les moyens en son pouvoir et assure cette exécution par les garanties les plus positives, principe que la nature et la raison ont, de tout temps et dans tous les lieux, proclamé comme le fondement du crédit public et particulier, que nous trouvons la base du système général des sûretés tant personnelles que réelles, et par conséquent, dans ce dernier ordre, du système hypothécaire.

Dans les législations des peuples barbares, à l'origine des sociétés, l'application de ce principe, le plus en rapport avec l'idée dominante alors de la force brutale, c'était la saisie de la personne même du débiteur. Les châtiments les plus durs, l'esclavage, la mort même, voilà les garanties principales qui devaient assurer la bonne foi et l'exactitude dans les conventions. Ce n'était que subsidiairement que les biens se trouvaient saisis, et parce que *qui confisque le corps, confisque les biens.*

La loi romaine des Douze-Tables (1) nous donne un exemple de cette législation, d'un rigorisme si impitoyable, dans ce *jus nexi*, notion première et fondamentale de l'obligation civile, dont la logique des premiers temps tirait ces dures conséquences : que la personne tout entière du débiteur est affectée à la sûreté de son engagement, et que, faute de paiement, il appartient au créancier, non-seulement comme individu, mais encore dans sa personne civile, c'est-à-dire dans sa qualité de *paterfamilias*, et avec les enfants, qui sont sa chose. Les droits du créancier sur le débiteur *addictus nexus*, au moyen de l'action de la loi, *manûs injectio* (2), sont absolus. Il peut le garder en prison, le charger de chaînes, le vendre au-delà du Tibre, *trans Tiberim* (3). Il semblerait même résulter du texte de la loi (4), dont on n'a pas bien en-

(1) Tab. III, 4. 5. 6. — D. de verb. signif. L. 238, § 2, Gaius.
(2) Gaï. Comm. 4, §§ 21. 22. 24. 25.
(3) Aulu-Gelle, XX. I : Trans. Tiberim venum ibant.
(4) Capite pœnas dabat. — Secare si vellent, atque partiri corpus addicti tibi hominis.

core saisi le sens, que, s'il y avait plusieurs créanciers, le malheureux débiteur insolvable pouvait être
mis à mort, et les créanciers avaient la faculté de se
partager son corps, qui leur était abandonné. Aulu-
Gelle, Quintilien, Tertullien (1), attestent de la manière la plus formelle cette cruelle exécution. Il est facile de comprendre alors que, plus d'une fois, les
malheurs de ces *addicti* aient soulevé la plèbe et agité
la République (2).

En Grèce, en Égypte, les mêmes principes ame-
naient le même engagement de la personne. Au temps
de la réforme des lois grecques faite par Solon, les
pauvres, accablés de dettes, donnaient aux riches le
sixième des produits de la terre qu'ils labouraient, ou
empruntaient en donnant leur personne pour sûreté du
prêt. S'ils ne payaient pas à l'échéance, ils étaient adju-
gés aux créanciers, qui les retenaient comme esclaves,
ou les envoyaient vendre en pays étranger. Ce fut Solon
qui défendit de donner son corps en gage (3).

Dans le vieux Droit celtique, enfin, nous trouvons
tout d'abord, comme dans le Droit romain, la rigueur
du lien d'obligation affectant la personne elle-même à
la sûreté de l'engagement. César, dans ses Commen-
taires, nous montre, chez les Gaulois, les débiteurs
accablés sous le poids de leurs dettes, se livrant à

(1) Aullu-Gelle XX, I. Noct. Attic. — Quint. Hist. Orat. III,
6. — Tertull. ; Apologet., c. 4.
(2) Tite-Live, Liv. V, 14. — VI, 56 ; VII, 6. — Voir Ver-
tot. Hist. des Révolut. Romaines. Retraite des Plébéiens sur le
mont Sacré, tom. Ier.
(5) Plutarque. Vie de Solon, §§ XX. XXIII.

discrétion à leurs créanciers, qui les attachaient à la glèbe.

Mais à mesure que l'on s'éloigne de ces traditions primitives et barbares, et lorsque, sous l'influence de la civilisation, la science du Droit se base de plus en plus sur la raison et l'équité naturelle, on finit par sentir que le gage principal des créanciers, celui qui devait venir en première ligne, c'était le bien du débiteur et non plus sa personne, dont la saisie, à propos du moindre intérêt pécuniaire, répugnait tant à la dignité de l'homme. Alors se formule, dans le langage du Droit, ce principe fondamental de tout droit d'obligation : *Qui s'oblige oblige le sien*, et, comme conséquence, cet autre axiome juridique : Les biens du débiteur sont le gage commun de ses créanciers.

C'était un grand progrès, mais ce n'était pas encore suffisant. Quelque général qu'il fût, ou plutôt à cause même de sa généralité, ce droit de gage était incertain et précaire. Il ne donnait aux créanciers, comme le dit fort bien M. Troplong (1), d'action sur les biens qu'à raison de la personne et parce que ces mêmes biens sont un accessoire attaché à la personne obligée. Or, ceci n'était vrai qu'autant que les biens étaient dans le patrimoine du débiteur ; et comme ce droit purement personnel des créanciers, ne peut pas faire que ces biens soient indisponibles et inaliénables, il s'ensuivait que la sûreté qui en résultait pouvait être incessamment amoindrie, ou même anéantie par les dispositions ou les aliénations que le débiteur, resté

(1) Traité des Hypothèques, tom. 1er, no 4.

maître, aurait faites sans fraude. D'un autre côté, le droit de gage général pesait sur tous les biens du débiteur, au profit de tous les créanciers, et sans égard aucun soit à la date, soit à la qualité de la créance; et comme les obligations contractées par le débiteur ne faisaient pas obstacle à ce qu'il en souscrivît de nouvelles, il s'ensuivait encore que le gage pouvait s'amoindrir et devenir illusoire pour chaque créancier, réparti qu'il devait être entre un si grand nombre.

Il fallut donc songer, dans l'intérêt même du crédit, à créer des garanties plus sérieuses et plus capables d'attirer la confiance : on pensa alors que pour corroborer l'obligation des personnes, il fallait obliger les biens, non plus à cause de la personne du débiteur et comme accessoires de cette personne, mais en vertu d'un droit qui les saisit principalement et directement et qui fût susceptible d'écarter le concours d'autres créanciers moins vigilants. De cette manière il n'était plus au pouvoir du débiteur d'annihiler et de diminuer cette garantie : attachée à la chose, elle la suivait partout et le créancier en faveur duquel elle était instituée pouvait s'en prévaloir contre tous.

Le moyen le plus naturel, celui qui le premier dut se présenter à l'esprit pour arriver à ce résultat, fut d'ôter au débiteur la propriété ou seulement la possession de *sa chose pour la transférer au créancier* qui avait le droit de la retenir jusqu'à ce que le débiteur eût pleinement satisfait à son obligation. C'était là l'idée première du *nantissement* en général et particulièrement du *droit de gage* accordé à un créancier sur la chose de son débiteur pour la sûreté de sa créance, droit résultant soit d'un acte volontaire d'abandon de la part du débiteur propriétaire, soit nécessairement d'un ordre du magistrat ou d'une disposition légale.

Dans le principe la constitution conventionnelle du gage se faisait, à Rome, par les formes solennelles employées pour la tradition, la *mancipatio* ou l'*in jure cessio*, suivant qu'il s'agissait de choses *mancipi* ou *nec mancipi*, de biens corporels ou incorporels. Seulement une clause particulière dite clause de *Fiducie*, *Fiduciæ causa*, accompagnait cette transmission de propriété, et par cette clause le créancier faisait promesse, engageait sa foi, qu'après avoir reçu le paiement, il restituerait au débiteur la propriété de la chose qu'on lui livrait ainsi. Cette restitution devait se faire dans les mêmes modes solennels de transmission, sans quoi le débiteur ne pouvait redevenir propriétaire de sa chose, *ex jure Quiritium* qu'au moyen d'une usucapion particulière, l'*usureceptio*.

Ce mode de constitution du gage quoiqu'usité encore au temps de Gaïus et de Paul (1), était tombé en désuétude, à cause même des nombreux inconvénients que faisaient naître ces mutations continuelles de propriété. Il n'en est plus question à l'époque de Justinien.

Au reste, depuis longtemps déjà le droit de gage s'était sensiblement modifié. On avait renoncé à cette transmission temporaire (2) de la propriété au créancier, pour ne lui laisser que la possession de la chose qui ne lui donnait tout d'abord qu'un simple droit de rétention, mais à laquelle par la suite, on attacha les interdits

---

(1) Gaïus, Inst. II, § 60. — Paul. Sent. II, §§ 1, 7.

(2) L. 12 pr. D. de distr. pign. (XX, 5). — L. 43, Cod. eodem. titulo.

possessoires qui permirent au créancier de conserver ou recouvrer sa possession contre toute personne, mais en tant seulement que la propriété était demeurée chez le débiteur (1). Quant à la faculté d'aliéner la chose lorsque le débiteur ne remplissait pas son engagement, pour se payer sur le prix, dans l'ancien Droit elle devait résulter d'une convention expresse entre les parties (2). Ce ne fut que plus tard, lorsque l'on eut bien compris que là était le véritable but du gage, qu'on décida que cette clause devait toujours être sous-entendue (3).

Le droit de gage, *Pignus*, *Contractus Pignoratitius*, soit dans sa constitution primitive, *Contrat de fiducie*, soit dans sa dernière forme, était, dans la création des sûretés attachées à une créance, un progrès véritable. Toutefois, en voulant éviter les inconvénients du gage général, on était presque tombé dans l'excès contraire. Si le gage général ne garantissait pas assez le créancier, le gage particulier était pour le débiteur une charge excessive : obligé de se dépouiller de sa propriété, ou même seulement de sa possession, que devenait-il pendant tout le temps que durait son insolvabilité, en supposant qu'elle ne fût que momentanée? Si pour les objets mobiliers le danger n'était pas grand, en revanche dans le gage des objets immobiliers et principalement dans cette espèce de gage que l'on a appelé l'*antichrèse* (αντιχρησις) (4)

---

(1) Enfin, on étendit au gage l'action réelle que le préteur n'avait d'abord introduite que pour l'hypothèque, — § 7, Inst. De Action. (IV, 6).

(2) Gaïus. Inst. II, § 64. — L. 75, Dig. de furtis (XLVII, 2).

(3) L. 4, D. de pign. act. (XIII, 7). Ulpien.

(4) L. 11, § 1. — Dig. de pignor. (XX, 1). — L. 33, D. de pignor. act. (XIII, 7).

par lequel le créancier obtenait la jouisssance de la chose
engagée en compensation des intérèts de sa créance, le
sort de la propriété au milieu de ces mutations continuelles, était incertain. Quels soins pouvaient lui accorder les créanciers qui savaient qu'elle ne leur était
pas définitivement acquise? Sans doute des actions personnelles étaient accordées, soit au débiteur contre le
créancier gagiste pour se faire tenir compte de sa chose
pendant le gage, soit au créancier contre le débiteur
pour se faire rembourser les dépenses par lui faites pour
l'entretien et la conservation de cette chose. (Actions *Pi-
gneratitia directa, vel contraria*). (1) Mais ces obligations
réciproques, au lieu de simplifier la situation, ne faisaient
le plus souvent que la compliquer au préjudice des deux
parties.

Aussi, frappés bien vite de ces inconvénients, les
préteurs, fidèles à leur mission de réformes successives,
empruntèrent à la civilisation grecque pour l'introduire(2)
dans la législation romaine, à côté des sûretés déja exis-
tantes, une institution de garantie qui, tout en affectant le bien par simple convention (*nuda conventione,
partum conventum*), à la sûreté d'une créance, permettait
au débiteur d'en conserver et la propriété et la possession.
Telle fut l'origine de l'*Hypothèque.*

Amélioration importante, comme on le voit, due au
progrès de la science juridique et à l'influence d'une civilisation avancée, l'Hypothèque, imparfaite et peu

(1) Pellat, sur Schilling, § 218, note 1.
(2) Cette introduction eut lieu dès le temps de la république,
si l'on en croit un passage de Cicéron, *ad famil.* XIII, 56. —
Voy. Pellat, traduction de Schilling, § 209.

comprise dans le Droit romain, passe en se perfection-
nant dans notre ancien Droit français. Mais l'on peut dire
que ce n'est que sous l'empire de notre législation actuelle et avec l'accroissement toujours plus grand du
crédit et de la propriété foncière, qu'elle a acquis l'im-
mense importance que nous lui connaissons et qu'elle
est arrivée au degré de perfectionnement où nous la
voyons aujourd'hui, quoi qu'en aient dit et quoi qu'en
disent encore des critiques trop sévères.

« Et c'est ainsi que dans l'histoire des obligations » dit
M. Laferrière (1), « nous voyons les choses suivre, chez
» les diverses nations, leur marche naturelle. L'humanité
» débute par la loi la plus dure, par l'asservissement de
» la personne du débiteur et l'attribution de sa chose au
» créancier : puis la loi s'adoucit et s'améliore avec le
» progrès de la vie sociale et l'on en arrive à la fran-
» chise presqu'absolue du débiteur et à la simple affecta-
» tion de la chose à la garantie de la dette.»

Comme le droit de gage, l'hypothèque a pour but
d'affecter directement et principalement la chose (2)
d'autrui, du débiteur ou d'un tiers, à la sûreté d'une
créance. Ce n'est que dans le mode d'opérer cette affectation que ces deux droits diffèrent. Le gage constitué par
un contrat civil, ou par l'ordre du magistrat, ou par
disposition de la loi, affecte la chose au moyen d'une
appréhension, d'une détention de la part du créancier.
L'hypothèque au contraire, constituée par simple convention, par pacte, ou aussi par ordre du magistrat ou

(1) Hist. du Droit Franç., tom. II, chap. III, page 155.
(2) Pellat. Trad. de Schill., § 204, note 3.

disposition légale, affecte la chose sans qu'il soit nécessaire du fait matériel d'une possession.

Le créancier hypothécaire comme le créancier gagiste,
a donc, pour arriver au paiement de sa créance, deux
actions bien distinctes. D'abord et toujours son action
personnelle contre le débiteur (*actio in personam*); de
plus une action réelle (*actio in rem*) sur le bien affecté,
indépendamment de la personne; action contre tout possesseur qui ne lui est pas préférable pour une cause
quelconque, tendant à la restitution de la chose, afin de
la vendre si la dette n'est pas acquittée à son échéance
et de se payer sur le prix par préférence à tous autres
créanciers, tant hypothécaires que chirographaires.

Nous verrons plus tard la nature et les effets de ce
droit de préférence eu égard aux autres créanciers hypothécaires. Pour le moment nous ne l'examinerons
comme but de l'hypothèque, que par opposition aux
créanciers chirographaires c'est-à-dire à ceux qui ne se
trouvent garantis que par le droit de gage général, résultant du principe : que tous les biens du débiteur sont
le gage commun de ses créanciers. Les motifs qui
font préférer le créancier hypothécaire sont aussi simples que rationnels : D'abord ne semble-t-il pas tout naturel que celui qui a cherché à se garantir d'une manière
toute particulière contre l'insolvabilité de son débiteur,
doive passer avant celui qui, trop confiant, n'a voulu
prendre aucune des précautions qui lui étaient offertes.
Pomponius nous dit : *Plus cautionis est in re quam in per-*
sonam (1), et Cujas ne veut pas d'autre raison à la préférence
du créancier hypothécaire qui a un droit sur la chose,

(1) L. 25. Dig. de reg. Juris.

in re, sur le simple créancier qui n'a que son droit personnel, *in personam.* Mais s'il y a plus de garantie sur
la chose que sur la personne, lorsque les deux, c'est-à-
dire la chose et la personne se trouvent obligées, je dirai
presque, solidairement (*res et persona debent*), n'est-il
pas évident que la garantie est aussi complète que possible et que l'on ne doit pas craindre de la voir tomber
devant une autre moins complète. Enfin autre motif encore : Les créanciers ordinaires ne peuvent exercer leur
droit de gage général que sur les biens actuellement
dans le patrimoine du débiteur au moment de cette exécution : ils ne peuvent donc agir sur le bien hypothéqué
qu'en respectant l'hypothèque qui n'est autre chose,
nous le verrons bientôt, qu'une aliénation partielle, un
démembrement de la propriété, en faveur d'un créancier.

Au surplus cette préférence que nous voyons « étayée
de motifs aussi péremptoires » dit M. Troplong (1), est
proclamée en principe par toutes les législations, comme
l'effet principal, le but essentiel du droit d'hypothèque.

§ II. — *Plan général.*

Maintenant que nous connaissons l'origine et le but
de l'hypothèque, nous pouvons plus naturellement et
plus facilement aussi aborder l'étude du sujet que nous
avons limité dans cet intitulé : Nature et Caractères généraux de l'Hypothèque.

Ce titre indique bien clairement, nous le croyons, le
but que nous nous proposons : Examiner d'abord la

(1) Tom. Ier, Traité des Hypothèques, no 4 et suiv.

nature.du droit d'hypothèque, comme droit en lui-même, puis comme accessoire, et enfin par rapport à son objet, et aborder les questions si vivement controversées de ce sujet : passer ensuite à l'étude séparée de chacun des caractères généraux de l'hypothèque, de l'*indivisibilité*, de la *spécialité*, de la *publicité*, et en rechercher le sens et les effets.

Notre travail se divisait donc par lui-même en deux grandes parties bien distinctes : l'une, la première, traitant de la nature de l'hypothèque : l'autre, de ses caractères généraux : cette seconde partie elle-même, se subdivisant en trois sections différentes où chacun des caractères était traité séparément.

Mais pour mener à fin ce travail long et difficile, et ne pas se perdre dans des détails mal coordonnés ou s'embrouiller dans des répétitions continuelles, qui auraient amené l'incohérence et l'obscurité, une méthode simple et en même temps logique, se présentait à nous : c'était dans chacune de nos parties d'établir d'abord nos antécédents historiques et d'arriver ensuite par une transition toute faite, à l'exégèse, c'est-à-dire à l'étude approfondie de la question au point de vue juridique.

C'est elle que nous avons suivie. Puisse-t-elle, en répandant sur notre matière un peu de la clarté qui lui est nécessaire, avoir répondu à nos efforts !

PREMIÈRE PARTIE.

─────◦─◦─────

NATURE DU DROIT D'HYPOTHÈQUE.

─────────

Est-il vraiment bien nécessaire de faire ressortir ici l'utilité et l'importance qu'il peut y avoir à déterminer de la manière la plus précise la nature d'un droit ? N'est-ce pas nécessairement de là que découle, comme conséquence inévitable, la solution de toutes les questions qui se rapporteront à ce droit ? Un exemple va prouver la vérité de cette assertion :

Il s'est agi, dans ces derniers temps surtout, de décider la question de savoir à quel titre la femme devait, à la dissolution de la communauté, exercer ses reprises en valeur. Cette question a soulevé une vive controverse. Pourquoi ? Simplement parce que l'on n'était pas d'accord sur la nature du droit que la femme avait pour l'exercice de ses reprises. Était-ce un droit réel, elle devait venir en qualité de propriétaire ; était-ce un droit personnel, elle venait comme simple créan-

2

cière : et l'on voit de suite quelles conséquences différentes l'une ou l'autre solution entraînait (1).

Nous n'insisterons donc pas davantage sur cette utilité, et nous entrerons de suite dans l'examen de la
nature du droit d'hypothèque, d'abord au point de vue
historique, puis au point de vue exégétique.

CHAPITRE PREMIER.

HISTORIQUE.

§ 1er. — Droit romain.

Nous avons déjà vu comment, pour obvier aux inconvénients que présentait le contrat de gage, 'es préteurs avaient introduit dans la législation romaine
l'institution grecque de l'hypothèque. Appliquée d'abord
à des cas spécialement prévus, cette garantie ne tarda
pas à devenir générale, par suite des avantages qu'elle
présentait, le débiteur n'ayant plus besoin de se dépouiller de la possession de sa chose, et le créancier
trouvant, malgré cela, ses droits tout aussi bien assu-
rés. Par son origine, son mode de constitution et sous
le rapport de la possession, l'hypothèque était donc, en

_____

(1) Voy. Toullier, XIII. 3. — Troplong, I, nᵒˢ 374. 400.
Contr. Marcadé, art 1401. 1403, II, tom. V, Revue critique de
Jurisprudence, tom. II, page 577. — Paul Pont et Rodière (I,
355). — Jurisprudence générale.

Droit romain, fort distincte du droit de gage. Mais, au point de vue du droit qu'elles engendrent, ces deux espèces de sûretés réelles s'accordent entr'elles au point que nous voyons les deux expressions, *pignus vel hypotheca*, indifféremment employées l'une pour l'autre, ce qui a pu faire dire à Marcien, avec une certaine raison : *Inter pignus autem et hypothecam, tantum nominis sonus differt* (1).

Nous emploirons donc, nous aussi, indifféremment les mots gage et hypothèque, toutes les fois que nous parlerons du droit qui résulte soit du contrat de gage, soit du pacte d'hypothèque, et sous ce rapport, nous les définirons également : un droit réel accessoire, accordé à un créancier sur la chose d'autrui pour la sûreté de sa créance.

I. *Droit accessoire.* — Par sa nature et son but, ce droit est un droit accessoire, en ce sens qu'il est subordonné à l'existence d'une créance dont il doit servir à assurer le paiement.

Cela veut-il dire qu'il ne puisse absolument exister sans cette créance elle-même à laquelle il est attaché, ou bien seulement qu'il ne puisse s'établir que par suite de l'existence de cette créance ? Nous nous rangerons d'autant plus volontiers à cette seconde interprétation, que nous voyons, dans beaucoup de cas, le droit d'hypothèque, une fois établi, subsister indépendamment de l'existence de la créance qu'il garantit.

Ainsi, tout d'abord, il n'est pas douteux que lors

_____

(1) L. 5, § 1. Dig. de pig. et hyp (XX, 1). — Voy. aussi Instit. § 7. De act. (IV. 6.) — L. 13, § 1; L. 16, § 6. Dig. de pig. et hyp.

que la créance est éteinte en partie, le droit de gage, par suite de son caractère d'indivisibilité, continue d'exister dans toute son étendue (1). Mais même lorsque la créance principale est entièrement éteinte par une novation résultant soit de la *litis contestatio* (2), soit de l'*electio* (3), l'hypothèque subsiste et se rattache alors à la nouvelle obligation.

Enfin, elle continue encore d'exister lorsque l'action pour exiger la dette est perdue ou a été prescrite, et qu'alors l'obligation civile s'est transformée en *obligatio naturalis* (4).

D'après cela, droit accessoire ne veut donc pas, selon nous, dire absolument que c'est un droit dont l'existence est subordonnée à l'existence même de la créance à laquelle il a été attaché, mais seulement qu'il faut pour que ce droit s'établisse qu'il vienne garantir une créance qui existe. Le texte de Marcien, qui semble au premier abord contrarier cette opinion, peut, au contraire, fort bien s'accorder : l'obligation sur laquelle s'établit l'hypothèque peut, nous dit ce texte, être future (5);

(1) L. 9, § 3. Dig. De pign. act. (XIII, 7). L. 85, § 6 in fine. Dig. De Verb. oblig. (XLV, 1). — L. 2, C. debitor. vendit pign. (VIII, 29) — et d'autres.)

(2) L. 13, § 4. Dig. de pignor. et hyp. (XX 1.) Voir aussi L. 29, de novat. et demonstrat. Paul. Sent. II. — Gaïus. Comm. IV, § 105. — M. Bonjean, n° 205. Tom. Ier, page 476, 2e édition. — Cas spécial à la fidéjussion de la loi, 38, § 5. Dig. de solut. (XLVI, 5).

(3) L. 8. Cod. de pign. et hyp. (VIII, 14).

(4) L. 14, § 1. Dig. de pign. et hyp. (XX, 1). — L 45, § 4 Dig. ad S. C. Velle (XVI, 1).

(5) L. 5, pr. Dig. de pign. et hyp. (XX, 1).

mais elle existe dès maintenant comme telle, et de même que l'exécution de l'obligation est subordonnée à l'accomplissement d'une condition, de même l'efficacité de l'hypothèque sera subordonnée à l'existence de l'obligation (1).

Nous voici tout naturellement amené à voir ici à quelles créances et obligations peut être attaché l'hypothèque ou le gage? Ce même texte de Marcien nous répond : *Res hypothecæ dari posse sciendum est pro quacumque obligatione.* — Ainsi donc, que l'obligation ou la créance ait pour objet une somme d'argent ou toute autre chose (2), qu'elle soit civile ou naturelle, présente ou future, simple ou conditionnelle, peu importe, le gage sera toujours constitué avec une complète efficacité. Et non-seulement il sera affecté à la dette principale dans toute son étendue, mais encore à toutes les obligations accessoires à celle-ci, à moins qu'une disposition expresse de la constitution du gage ne l'ait limitée soit à partie de la dette principale, soit à cette seule dette, à l'exclusion des obligations accessoires (3).

II. *Droit réel.* — C'est de plus un droit réel sur la chose d'autrui. Cette nature de droit réel qu'a l'hypothèque, en Droit romain, ressort de la manière la plus évidente de son assimilation au gage, auquel on ne peut la contester. Le gage était compris dans la classification des droits réels, démembrements de la propriété

(1) L. 4, Dig. quæ res pign. vel hyp. (XX, 3). — L. 1, § 1 et L. 11 pr. Dig. qui potior in pign. (XX, 4).
(2) L. 9. § 1. Dig. de pig. act. (XIII, 7).
(3) Pellat, Traduct. de Schilling, § 205, notes 11, 12, 13.

(*Jura in re aliena*) (1). et le *creditor* était dans la même position que le *fructuarius* et le *superficiarius* : *Sive aliquod in ea re jus habeant*, dit Gaïus en parlant d'eux (2).

L'action qui se lie à ce droit est une *actio in rem*, au sujet de laquelle la loi 2 au Code : *Si unus ex plur. her.* (VIII-32), dit expressément : « *Non personam obliget, sed rem sequatur* (3).

Ce qui est incontestable pour le gage, ne nous semble pas devoir l'être moins pour l'hypothèque, puisqu'un texte formel des Instituts (4), après avoir parlé de l'action hypothécaire, *quasi serviana*, qui est une *actio in rem*, ajoute : *Inter pignus autem et hypothecam, quantùm ad actionem hypothecariam, nihil interest ; nam de qua re inter creditorem et debitorem convenerit, ut si pro debito obligata, utraque hac appellatione continetur.*

Ce qui a pu faire naître des doutes sur ce point, c'est que l'hypothèque ne se trouve pas mentionnée dans les classifications romaines, parmi les droits réels démembrements de la propriété, à côté de l'usufruit, des servitudes prédiales, du droit de superficie, du gage, etc. Mais cependant cela s'explique fort bien par l'origine même de l'hypothèque : « Les préteurs, comme on le sait, n'a- » vançaient dans leur œuvre de réformes successives » que par des voies obliques, par des fictions, par des

(1) Pellat, Cours de Droit Romain.
(2) L. 19 pr. D. de damno, inf. (XXXIX, 2). — L. 30, de nox. act. (IX, 4).
(3) Voy. aussi L. 16, § 3. L. 17, Dig. de pign. et hyp. — L. 18, Cod. cod. titulo.
(4) Instit., § 7. De act. Lib. IV, 6.

» formules d'actions nouvelles glissées au milieu des an-
» ciennes, paraissant toujours respecter les théories pu-
» res, le vieux langage du Droit et les classifications
» consacrées ; c'est ainsi qu'ils accordaient au créancier
» hypothécaire, non pas une action par laquelle il affir-
» mât avoir un droit proprement dit, mais une action
» *in factum*, où le demandeur prétendait que tel objet
» avait appartenu à telle personne à l'époque où celle-ci
» avait consenti l'hypothèque (1).

III. *Droit de suite.* — Il faut donc reconnaître que l'hypothèque constituait, dans la législation romaine, un véritable droit réel, qui permettait au créancier de suivre
(*rem sequatur*) l'objet hypothéqué en quelques mains qu'il
passât. C'est là au surplus une conséquence de la nature
même de tout droit réel (2).

Pour exercer ce droit de suite, deux voies différentes
étaient ouvertes au créancier hypothécaire ou gagiste :
Les unes *pétitoires*, comprenant les actions réelles : *Serviana, quasi-serviana* ou *hypothecaria* (3). Les autres *possessoires*, comprenant les divers interdits *retinendæ et re-
cuperandæ possessionis* et un interdit particulier *adipiscendæ
possessionis* nommé du nom de son auteur, *Salvianum
interdictum* (4). Outre cela le préteur ouvrait aussi certaines voies spéciales relatives au gage prétorien, *præ-*

(1) M. Valette, Traité des priviléges et hyp. , n° 120.
(2) L. 18, § 2. Dig. de pign. act. (XIII, 7).
(3) Institutes , § 31. De act.(IV , 6). — Voy. aussi L. 13, § 1.
Dig. ad. Sen. C. Vell. (XVI, 1), et la loi 1, Cod. de præcar.
(VIII, 9) sur l'actio Serviana.
(4) Gaïus Inst. , IV , § 147 et § 3, Inst. de Just. De interd.
(IV , 15).

torium pignus, résultant de la *missio in bonorum possessionem* (1).

Les actions pétitoires que nous venons de voir appartenaient indifféremment au créancier gagiste et au créancier hypothécaire : elles avaient été étendues au gage par la suite, quoique d'abord spéciales à l'hypothèque. Mais les interdits ne pouvaient naturellement appartenir qu'au créancier gagiste, puisque lui seul avait droit à la possession que ces interdits avaient pour but d'acquérir, de recouvrer, ou de conserver.

L'exercice de ces actions ou interdits qui constituent le droit de suite en matière de gage ou d'hypothèque, n'enlevait nullement au créancier son action personnelle contre le débiteur, résultant du droit de créance et il restait libre d'attaquer soit son débiteur par cette action, soit le tiers détenteur par l'action hypothécaire (2). Mais Justinien, par une de ses Novelles (3) introduisit en faveur de ce dernier un bénéfice de discussion qui commandait de poursuivre, avant le tiers détenteur, le débiteur ou son héritier, ou sa caution. Déjà depuis longtemps le tiers détenteur actionné pouvait en payant la dette éviter de restituer le gage et ses accessoires (4). Enfin l'action hypothécaire contre le tiers détenteur se prescrivait par trente ans, conformément à une ordonnance de Théodose le jeune (5), tandis que cette même action

(1) L. 4, pr. et § 4, Dig. ne vis fiat ei qui in possess. missus erit (XLIII, 4).
(2) L. 14 et 24, Cod. de pign. (VIII, 14).
(3) Nov. 4. Ch. 2.
(4) L. 2 et L. 12, § 1, Dig. Quib. modis pig. solvi (XX, 6).
(5) C. Th. L. un. pr., De act. cert. temp. fin. (IV, 14).

était imprescriptible contre le débiteur lui-même ou son héritier (1).

C'était là autant de limites imposées au Droit de suite.

Droit de préférence. — Du but de l'hypothèque et de sa nature de droit réel il faut encore déduire, comme conséquence essentielle, la faculté qu'a le créancier, dans le cas où il ne serait pas complètement satisfait par le débiteur au terme fixé, de vendre l'objet engagé afin de se payer sur le prix par préférence à tous autres créanciers, dont les droits ne seraient pas de nature à primer le sien. C'est là ce droit de préférence, si important à bien connaître, pour fixer le rang entre les différents créanciers concourants pour leurs droits de gage sur la même chose ou sur le même patrimoine : concours qui peut se présenter non-seulement quand ces créanciers dérivent leur droit hypothécaire de la même personne, mais même lorsqu'ils les tiennent de personnes différentes.

La règle générale est ici qu'entre hypothèques égales quant à leur cause, la plus ancienne est préférée à la plus récente (2). C'est là le *Privilegium temporis* (3). Cette règle fléchit devant les droits particuliers de préférence. Toute hypothèque privilégiée, soit par sa cause, soit dans le dernier état du Droit, d'après une ordonnance de l'empereur Léon, par sa confection plus ou moins

(1) L. 7, § 1. C. De præscr. XXX ann. (VII, 9). Justinien la soumit à la prescription de 40 ans.

(2) L. 4, C. de pign. et hyp. : Sicut prior es tempore, ita potior es jure. — Item L. 2. C. cod. L. 6, 8, 12. cod. — Dig. L. 2. L. 8. L. 11 pr. — L. 12 pr., §§ 2 et 10. — L. 14. De pig. et hyp.

(3) L. 10. Dig. L. 12, § 1, Cod. eod.

authentique (*Instrumentum publice confectum*) (1), passe
avant la simple hypothèque, lors bien même que celle-ci
aurait pris naissance plus tôt ou en même temps.

Enfin lorsque les hypothèques toutes égales entre elles
ont pris naissance en même temps et que le *privilegium
temporis* devient inapplicable, la préférence appartient au
créancier gagiste, qui se trouve en possession du gage (2).
Meliorem possidentis conditionem, dit Ulpien, *dabitur enim
possidenti hæc exceptio : si non convenit, ut eadem res mihi
quoque pignori esset.* Toutefois, si une chose est hypothéquée à plusieurs créanciers par parties, le créancier qui
possède peut être poursuivi par un autre qui, au moyen
d'une action hypothécaire utile , demandera d'être mis
en possession pour la part qui lui a été hypothéquée (3).
Si aucun n'est en possession, ce qui arrivera par exemple lorsqu'il n'y aura eu que des pactes d'hypothèques,
tout étant d'ailleurs égal entre eux, quant à la cause
et à la date, les créanciers se paieront sur le prix en
proportion du montant de leur créance , sans qu'il y ait
lieu à préférence. Cette opinion est cependant controversée, quoique plusieurs textes semblent la soutenir et notamment la loi 20 § I. *Dig. de pign. act.* (XIII,7) qui dit
expressément : *Si pluribus simul res pignori detur, æqua-
lis omnium causa est* (4).

Le droit de suite sur la chose engagée opposable à
tout tiers détenteur de cette chose et le droit de préférence à l'encontre des créanciers postérieurs ou moins
favorisés, tels sont donc les deux effets principaux que

(1) L. 10. D. de pign. (XX , 1). L. 14 , in fine.
(2) Pellat , sur Schilling , § 220 , note 17.
(3) Voy. aussi L. 16 , § 8. D. de pign. (XX , 1).
(4) L. 11 , C. de pign. et hyp.

produit le droit d'hypothèque dans sa nature de droit réel. Nous réserverons pour une autre partie l'examen plus particulier de ces deux droits dans leur étendue et dans leurs conséquences singulières en Droit romain où n'était pas connu le principe tout moderne de la publicité.

Pour le moment il ne nous reste plus qu'à examiner la nature de notre droit d'hypothèque au point de vue de son objet, ce qui nous conduit à voir quelles choses peuvent être cet objet du droit hypothécaire.

Ici la règle du Droit romain est fort large : Tout ce qui est susceptible de vente est susceptible d'hypothèque (1), le but que se propose le créancier hypothécaire étant de faire vendre la chose engagée en cas de non-paiement pour se payer sur le prix. Et remarquons-le, cette vente ne sera pas comme dans notre droit, soumise nécessairement aux formalités d'une procédure particulière et publique. Elle sera faite par le créancier lui-même, après dénonciation préalable faite au débiteur de son intention de vendre (2), mais sans aucune formalité spécialement exigée.

Si tout ce qui est susceptible de vente, c'est-à-dire tout ce qui n'est pas absolument hors du commerce, peut être hypothéqué ou engagé, nous n'avons donc pas à distinguer entre les meubles et les immeubles, les choses corporelles ou incorporelles. Bien plus même, le gage peut être valable et avoir efficacité dès l'instant de sa constitution, sur des choses qui ne doivent exister

(1) L. 9, § 1, Dig. eod.
(2) L. 4, Cod.

que plus tard (1), pourvu qu'au moins la cause qui doit leur donner naissance existe déjà.

Notre règle générale souffre cependant quelques exceptions. Il est en effet des choses qui, sans être soustraites au commerce en général, ne peuvent être hypothéquées, soit que leur engagement ait été défendu par une disposition expresse de la loi, ou par l'ordre du magistrat, ou par la volonté d'un testateur, ou encore par la convention des parties, soit que leur nature ne permette pas de les affecter. Ainsi dans ce dernier cas, les prix espérés par les athlètes (2), les esclaves, les animaux et les instruments nécessaires à l'agriculture, quoique toutes choses dans le commerce, ne pouvaient être saisis ni vendus comme gage (3). Ainsi encore les choses litigieuses (4), les immeubles dotaux (5) ou compris dans une donation *propter nuptias*, dont l'engagement était formellement prohibé par les lois.

Mais en dehors de ces quelques exceptions, notre règle reprend son empire et les meubles comme les immeubles peuvent être l'objet d'un droit de gage ou d'hypothèque. Pour le droit d'hypothèque ceci n'est pas douteux, soit qu'il s'étende sur tous les biens du débiteur ou seulement sur des choses isolées, ou sur ce que l'on appelle *universitates facti*. Des textes nombreux le dé-

---

(1) L. 15, pr. Dig. (XX, 1). — L. 11, § 3. Dig. qui potior. in pign. (XX, 4).
(2) L. 5. C. (VIII, 17).
(3) L. 7. L. 8. Cod. eod.
(4) L. 4. C. de litig. (VIII, 37).
(5) L. 4. Dig. de fund. dot. (XXIII, 5).

montrent de la manière la plus formelle (1). Mais il n'en est pas de même du gage, et quelques personnes, se basant sur cette opinion que le gage, *pignus*, ne pouvait porter que sur des choses mobilières, ont voulu voir en cela des différences à établir entre le gage et l'hypothèque. Pour soutenir cette opinion on s'appuyait principalement sur un texte de Gaïus qui donne l'étymologie du mot *pignus*. (2) « *Pignus appellatione a pugno, quia res quæ pignori dantur, manu traduntur : unde etiam videri potest verum esse, quod quidem putant, pignus proprie, rei mobilis constitui.* » Et sur ce texte à peu près semblable des Instituts (3) : *Pignori appellatione eam proprie contineri dicimus, quæ simul etiam traditur creditori, maxime si mobilis sit.*

Cependant, outre que ces deux textes n'affirment rien positivement, il ne peut être mis en doute, d'après l'opinion adoptée dans le Droit de Justinien (4), que le gage, le *pignus*, dans le sens strict du mot, puisse, aussi bien que l'hypothèque, avoir lieu pour des choses immobilières. Ne serait-il pas plus rationnel, d'après cela, d'interpréter ces textes dans ce sens que le droit de gage se trouvait originairement borné aux choses corporelles, à celles dont l'existence physique tombait sous les sens, et qui par conséquent étaient seules susceptibles d'une vraie possession? Cela n'aurait été que par une extension postérieure de ces limi-

(1) L. 6 et L. 34, Dig. de pign. (XX, 1). — L. 34 pr. L. 66 pr. Dig. de Furtis (XLVII, 2).
(2) L. 238, § 2. Dig. de Verb. signif. (L. 16).
(3) Inst. § 7. De act. (IV, 6).
(4) L. 11. § 1, 2. L. 51, Dig. de pign. et hyp. (XX, 1).

les primitives et avec l'introduction du droit d'hypothèque, où la possession n'était plus nécessaire, qu'au
moyen d'une fiction, la *quasi-possession*, on aurait admis la faculté, non-seulement d'hypothéquer, mais
encore d'engager par le *pignus* les choses incorporelles. Ce qui viendrait à l'appui de cette opinion, c'est
que l'engagement de ces choses paraît n'être valable
qu'en vertu de la protection du préteur.

Au surplus, les choses incorporelles qui peuvent
être l'objet d'une hypothèque ou gage, sont limitées. De
ce nombre on compte les créances, *nomina* (*pignus
nominis*). Et ici se présente une question fort controversée, celle de savoir si la faculté d'hypothéquer un
droit de gage ou d'hypothèque qui résulte clairement
de textes nombreux (1) dans le Droit romain, doit s'entendre en ce sens que le créancier-gagiste peut engager son droit à un autre créancier et établir ainsi un
sous-gage (*subpignus*), ce qui entraînerait aussi l'engagement tacite de la créance sur laquelle porte le premier
gage, ou bien plutôt en ce sens que ce n'est que la
chose qui lui est déjà engagée, et non pas son droit
de gage, *jus pignoris*, que le créancier-gagiste peut
hypothéquer. Quoique ce dernier sens semble plus
en rapport avec celui des textes, il nous paraît cependant difficile, si l'on admet que le gage ou l'hypothèque sont des droits réels, démembrements de la propriété, d'autoriser le créancier-gagiste ou hypothécaire,
qui peut avoir la possession de la chose engagée, mais

---

(1) L. 40. § 2. Dig. de pig. act. (XIII, 7). — L. 15. § 2. D.
de pign. (XX, 1). — L. 1. L. 2, Cod. si pign. pign. dat. sit.
(VIII, 24).

qui n'en a pas la propriété , d'établir sur cette chose
un droit semblable. Puis , pourquoi le droit de gage ,
qui est certainement cessible , qui peut être vendu et
acheté, ne serait-il pas , d'après notre règle générale ,
susceptible d'hypothèque ? Nous ne sachions pas qu'en
Droit romain, le principe : *hypothèque sur hypothèque
ne vaut*, fût connu et suivi. Toutefois ; c'est là, nous
l'avons dit, une question fort controversée.

Outre les créances , l'hypothèque pouvait porter sur
des droits, choses incorporelles. Ainsi, sur l'usufruit(1),
sur le droit d'habitation, dont l'exercice pouvait être
cédé à titre de louage. Sur les servitudes prédiales , mais
en tant qu'attachées au fonds dominant; c'est même là
une hypothèque nécessaire (2), Egalement sur les droits
d'emphytéose et de superficie (3). Ici se représente la
même question que précédemment pour l'hypothèque
du droit de gage. Sera-ce la chose corporelle affectée
de ces droits ou bien ces droits eux-mêmes, c'est-à-
dire la chose incorporelle qui formera l'objet du gage ?
M. Pellat veut que ce soit la chose elle-même et appuie
son opinion des textes mêmes où il est parlé du droit
de gage accordé par l'emphytéose et le superficiaire (4).
Mais, pour en revenir à la nature de notre droit d'hypothèque dans la législation Romaine, nous pouvons ,

(1) L. 11. § 2 et L. 15 pr. Dig. de pign. (XX , 1).
(2) L. 16. Dig. de servit. (VIII, 1).
(3) L. 15. § 5 et L. 31. D. de pign. (XX , 1). — L. 16. § 2.
Dig. de pign. act. (XIII , 7), — L. 15. dig. qui potior in pign.
(XX , 4).
(4) M. Pellat, Traduct. de Schilling. § 206, observation de
la fin.

sur ce que nous venons d'examiner, établir qu'a
point de vue de son objet, il n'est pas douteux que c
droit ne fût un droit mixte, mobilier ou immobilie
(un *jus in re mobili vel immobili.*).

Cela joint à nos précédentes observations, nou
amène donc à conclure que l'hypothèque en Droit Ro
main est de sa nature un droit réel, indifféremmen
mobilier ou immobilier ; accessoire à un droit d
créance qu'elle vient aider et compléter : qu'en consé
quence, elle donne à celui en faveur duquel elle e
constituée, un droit de suite sur la chose hypothéquée
opposable à tout tiers détenteur de cette chose, et u
droit de préférence sur le prix, opposable à tout créan
cier postérieur en date et non privilégié.

§ 2. — *Ancien Droit Français.*

L'hypothèque, nous l'avons déjà dit, est une améli
ration du droit de gage, due aux progrès qu'avait fa
la science du droit et nécessaire aux besoins d'une socié
dont la civilisation était avancée.

Aussi ne faut-il pas nous étonner si, tout d'abord
nous ne la rencontrons pas dans les législations prim
tives de la Gaule, dans le vieux Droit Celtique ou Ga
lique.

Au contraire le gage, institution primitive et en que
que sorte de droit naturel, dérivant de ce principe de
garanties qui doivent assurer l'accomplissement de
obligations, se trouve, avec son caractère tout particu
lier de la possession de la chose engagée, en vigue
dans ces législations. Dans le Droit Celtique le gag

existe mobilier ou immobilier. — Mobilier avec cet effet que la chose engagée devenait celle du créancier en cas de non paiement (*mort-gage*). Immobilier avec cet effet que la terre engagée pouvait être acquise au créancier non payé qui avait le droit de la retenir ou de l'aliéner. Dans ces deux institutions, le caractère dominant c'est toujours l'idée de la force brutale. Le créancier non satisfait peut s'adjuger par la force même et sans avoir besoin de recourir à l'intervention du juge, les biens de son débiteur, comme autrefois il pouvait saisir sa personne.

Mais dès que l'influence de Rome se fait sentir dans la Gaule, nous voyons ces principes se modifier. Dans le Droit Gallo-Romain, le gage existe aussi, mobilier ou immobilier; seulement les formalités de la tradition de la chose engagée entre les mains du créancier sont expressément exigées. Pour le gage immobilier cette tradition est accompagnée d'une clause de fiducie et l'héritage est alors appelé : *Prædium fiducia obligatum.*

Le Droit Romain a prohibé l'usage Celtique de la prise de gage exercée par force contre le débiteur et sans autorisation du juge; il a fait du gage un contrat réel (1).

Mais pour l'institution d'hypothèque, qui n'avait dans les mœurs préexistantes aucun germe, ce n'est que bien faiblement qu'elle commence à pénétrer dans le Droit Gallo-Romain. La conception abstraite d'un droit incorporel affectant spécialement un bien sans qu'il y ait le fait matériel de la dépossession de la part du débiteur, est encore trop élevée pour l'époque. Cependant on ad-

(1) Laferrière, *Histoire du Droit Franç.*, tom. II, liv. III, chap. VI, sect. V.

met déjà comme conséquence du principe que tous les biens du débiteur sont le gage commun de ses créanciers, qu'il puisse y avoir une obligation générale des biens présents et futurs d'un débiteur en faveur de son créancier. C'est bien là l'idée de l'hypothèque générale. Mais cette dénomination ne se trouve pas dans les monuments du Droit Gallo-Romain où cette sorte d'impignoration générale est qualifiée d'obligation ou condition. (1)

Quant à l'hypothèque spéciale ce n'est que plus tard, lorsque le Droit Romain a tout à fait pénétré dans les Gaules, que nous la voyons établie dans les coutumes de la plupart de nos anciennes provinces de France.

Au surplus, c'est avec les principes généraux du Droit romain que nous retrouvons l'hypothèque reçue et consacrée d'abord dans notre ancien Droit, et cela même dans les pays de coutume. — Ainsi, la nature du Droit hypothécaire n'a pas changé : c'est toujours un droit réel accessoire sur un meuble ou un immeuble affecté à la sûreté d'une créance, droit qui donne, vis-à-vis des tiers, la faculté de suivre, et, dans les rapports des créanciers entr'eux, celle d'être préféré selon la date de la créance, ou bien selon les causes particulières de préférence, telles que privilèges, etc. Mais, à côté du Droit romain, d'autres influences se font sentir. Les invasions et la conquête des Barbares ont laissé en France des principes de Droit provenant du Droit germanique, dont l'opposition à ceux du Droit romain doit nécessairement amener des modifications dans la législation existante.

Dans ces modifications, une des plus importantes, c'est la nature nouvelle que prend l'hypothèque au point de vue de l'objet qu'elle frappe.

(1) Interprét. des Sent. de Paul.

Le Droit Romain, nous l'avons vu, ne faisait aucune différence, à ce sujet, entre les meubles et les immeubles. Toute chose susceptible d'être vendue peut, par cela même, être affectée hypothécairement pour la garantie des créanciers : telle était la règle.

Mais le Droit commun des pays coutumiers, c'est-à-dire de ceux plus principalement soumis à l'influence du Droit germanique, ne tarde pas à rejeter l'hypothèque des meubles, et cela d'une manière absolue. C'est que l'impossibilité d'asseoir une hypothèque sur des biens qui, comme les meubles, n'ont aucune fixité, ne tarde pas à s'induire des embarras inextricables que soulève dans la pratique l'application des hypothèques mobilières. « Si les meubles avaient suite par hypothèque en vertu de la simple convention, le commerce serait grandement incommodé, même aboli tout à fait, parce qu'on ne pourrait pas disposer d'une épingle, d'un grain de blé, sans que l'acheteur en pût être évincé par tous les créanciers du vendeur. » (1)

Il fallait donc remédier à cela, et en supposant que l'on conservât l'hypothèque sur les meubles, lui enlever au moins le droit de suite.

C'est ce que firent généralement les pays de Droit écrit et certaines coutumes, notamment celles de Normandie, d'Anjou et du Maine.

Mais les pays de coutume, de leur côté, allèrent plus loin encore, et, considérant bien justement : « que les meubles peuvent facilement et sans incommodité être mis aux mains du créancier, les lui baillant en gage..., de sorte que quand il n'y a que la sim-

_____

(1) Loyseau, Des Offices, l. 3 ; chap. V, n° 27.

» pie convention sans nantissement, on peut imputer
» au créancier de n'avoir pas pris son assurance comme
» il pouvait, ce qui n'est pas aux immeubles, dont il
» est malaisé et incommode de transférer la détention
» au créancier », ils saisirent avec empressement ce
motif de rejeter, sous toutes ses faces, c'est-à-dire
aussi bien quant au droit de préférence qu'au droit
de suite, cette hypothèque sur les meubles, « qui
» n'ont pas de subsistance permanente et stable comme
» les immeubles, et partant ne sont si propres à re-
» cevoir en soi, par simple convention et sans qu'ils
» soient actuellement occupés, le caractère d'hypothè-
» que et à conserver ses effets (1).

Alors, pour avoir un droit de préférence sur un
objet mobilier, il fallait, dans les pays de Droit coutumier, employer le nantissement ou gage, c'est-à-
dire remettre la possession de l'objet au créancier,
dont la préférence était alors garantie par un privilége (2).

Tout cela se résumait dans cette maxime générale à
tout notre ancien Droit français : *Meuble n'a pas de
suite par hypothèque.*

Cependant, en examinant le sens de cette maxime,
nous reconnaîtrons que si sa signification est bien claire
et bien précise dans le système des pays de Droit écrit
et des coutumes qui admettaient l'hypothèque sur meubles, mais en la restreignant au droit de préférence, il
n'en est pas de même dans le système du Droit commun

(1) Loyseau, loc. cit.
(2) Art 181. Cout. de Paris et 450. Cout. d'Orléans.

des pays coutumiers. Puisque là l'hypothèque sur
meubles est entièrement rejetée, qu'elle ne peut produire aucun effet, pas plus le droit de préférence que
le droit de suite, quelle est l'utilité de cette maxime :
Meuble n'a pas de suite par hypothèque ? (1) Dans certaines coutumes, et d'après l'opinion de certains jurisconsultes, (2) cette règle signifierait tout simplement
que les meubles ne sont pas susceptibles d'hypothèques.
D'après une autre interprétation plus subtile, mais non
moins inexacte quant aux termes, celle de l'art. 170
de la Coutume de Paris, ces mots de notre adage :
suite par hypothèque, auraient trait, en prenant le
terme d'hypothèque dans un sens beaucoup plus large
que celui que nous lui donnons aujourd'hui, au droit
général de gage qui appartient au créancier sur les biens
de son débiteur, et au droit d'exécution forcée qui en
dérive. — Cela voudrait dire alors que le créancier
n'a jamais, même avec un titre authentique, le droit
d'exécution forcée sur les meubles transférés à des tiers
par le débiteur, et que, dans le cas d'une vente de
ces meubles, il ne viendra en collocation qu'au marc
le franc, à moins qu'il n'ait un privilége de gagiste. —
Au contraire, pour les immeubles, le droit d'exécution subsiste même à l'encontre des tiers-acquéreurs,
et cela avec droit de collocation par préférence,
suivant la date des titres authentiques (3).

Cette explication ne nous semble pas très plausible.
Il paraît difficile d'admettre que l'on ait pu étendre d'une

(1) Art. 170 cout. de Paris. Art. 447 cout. d'Orléans.
(2) Notamment Pothier, cout. d'Orléans.
(3) Valette, Traité des hypothèques, n° 129, page 215.

manière aussi large le sens du mot hypothèque, et dans tous les cas l'utilité de cette maxime ne se trouve pas aussi clairement démontrée que pour le système des pays de Droit écrit et des coutume de Normandie, Maine et Anjou. Nous verrons bientôt que les rédacteurs du Code, dominés sans doute par la force de l'habitude, après avoir dit en termes bien exprès que l'hypothèque est un droit réel sur les immeubles affectés à l'acquittement d'une obligation (Art. 2114), viendront, dans l'art. 2119, reproduire cette maxime : Les meubles n'ont pas de suite par hypothèque et cela avec une inutilité, une superfluité que l'on ne peut plus même excuser par une interprétation, quelque subtile qu'elle soit.

Quoi qu'il en soit, cette maxime nous sert toujours à signaler la profonde modification apportée aux principes du Droit Romain.

Le droit hypthécaire est devenu, quant à son objet, un droit purement immobilier et comme conséquence de cette nature nouvelle, nous ne tardons pas à voir s'organiser la publicité des hypothèques, comme celle des autres droits réels immobiliers. C'est encore là une modification d'une importance capitale apportée au système hypothécaire des Romains. D'abord bornée à quelques provinces particulières, aux pays dits *de nantissement* et à la coutume de Bretagne, cette innovation s'étend peu à peu et le principe de la publicité devient, comme nous le verrons plus loin, sous les efforts du législateur (1), un principe général d'ordre et de sûreté

---

(1) Edit. de 1580, Henri III. Edit. de 1606, Henri IV. Edit. de Colbert, 1673. Lois du 9 messidor an III et du 11 brumaire an VII.

publique, le principe fondamental du crédit foncier dans notre nouvelle législation.

Une autre règle particulière encore à notre Droit Français et qui résulte aussi de la tendance à la publicité, vient modifier la nature de l'hypothèque, au point de vue de sa constitution. — Le Droit Romain avait admis la simple convention *nuda conventio*, *pactum conventum* pour l'établissement du droit d'hypothèque. Mais c'était là un danger d'autant plus grand que les formalités de la tradition ne pouvaient pas venir suppléer à la clandestinité de l'acte, puisque dans l'hypothèque il n'y avait pas lieu à la transmission de la possession. Aussi ne tarda-t-on pas à s'en trouver mal, et l'empereur Léon dans une ordonnance bien connue, voulant remédier à cet état de choses, déclara que tout droit de gage ou d'hypothèque appuyé d'un *instrumentum publice confectum*, c'est-à-dire d'un acte dressé sous l'autorité d'un magistrat ou d'un notaire public, ou bien d'un *instrumentum quasi publice confectum*, c'est-à-dire d'un acte souscrit au moins par trois hommes d'une bonne réputation, l'emporterait sans égard à la date de cet acte, sur les autres droits de gage ou d'hypothèque qui n'ont pas été établis par un titre de ce genre.

Le droit coutumier fut plus explicite encore : il substitua à la simple convention un acte public, titre authentique qui seul pouvait constituer l'hypothèque : ce titre par son authenticité, était porté à la connaissance des tiers, et ainsi le principe de la publicité de l'hypothèque se trouvait sanctionné.

Mais toutes ces modifications, quelqu'importantes qu'elles soient, n'ont pas enlevé à l'hypothèque sa nature véritable, telle que l'avait établie le Droit romain. Loin de là elles ne firent que la confirmer.

Plus que jamais l'hypothèque est, par sa nature, un droit réel sur une chose (immobilière) *un jus in re (immobili)* affectée à la sûreté d'une créance : droit donnant et la suite et la préférence. Cela ne résulte-t-il pas implicitement de la maxime elle-même que nous venons d'examiner ? Si les meubles n'ont pas de suite par hypothèque, mais ne donnent que le droit de préférence dans les pays de droit écrit et dans certaines coutumes, ne trouvons-nous pas là distincts dans ce cas, mais réunis pour l'hypothèque immobilière deux droits dont l'ensemble forme le droit réel complet ?

Il est bien vrai que les innovations particulières au Droit français sont venues si non modifier la nature de ces droits, au moins en limiter l'étendue. Le droit d'hypothèque reste toujours un droit absolu opposable à toute personne. Seulement le droit de suite, c'est-à-dire la faculté de l'opposer à tout tiers acquéreur de l'objet hypothéqué, a subi un tempérament par la faculté de purger accordé au tiers qui, en faisant l'offre de son prix aux créanciers hypothécaires et en les sommant d'avoir à l'accepter ou à surenchérir dans un délai voulu, se trouvait à l'abri de leur part de toute poursuite ultérieure (1).

De même le droit de préférence, surtout dans le dernier état de notre ancien Droit, dans ce que l'on appelle le *Droit intermédiaire*, n'a plus de valeur et d'efficacité qu'à la condition de s'être révélé par les modes de publicité

(1) Edit de 1771.

prescrits. Ce n'est plus, sauf quelques exceptions pour des hypothèques spécialement désignées par la loi, que d'après cette publicité que se fait la collocation des créanciers entre eux, dans le rang de leur date. Le *privilegium temporis* subsiste toujours. Seulement ses effets ne seront produits que comme résultat de cette publicité.

Quelqu'ancien en date qu'il puisse être, tout créancier hypothécaire qui ne se sera pas soumis au principe général, perdra donc les bénéfices de son droit.

Mais tous ces tempéraments, nous l'avons dit, n'ont pas fait obstacle à ce que l'hypothèque ne gardât sa nature de droit réel, démembrement de la propriété. En vain on nous objectera qu'elle ne se trouve cependant chez presqu'aucun de nos jurisconsultes anciens, comprise dans la classification de ces droits réels : à cela nous répondrons que cette omission n'est due qu'à l'influence du Droit romain et que ce n'est que parce que nos jurisconsultes eux-mêmes ne l'ont pas rencontrée dans les classifications romaines (nous avons vu le motif de cette absence) qu'ils n'ont pas essayé de l'introduire dans les leurs.

Au surplus quelquefois, nous dit M. Valette (1), la vérité reprend le dessus : Pothier lui-même (2) quoique souvent dominé par l'influence des classifications romaines, a cependant fort bien vu que les rentes, les hypothèques et généralement toutes les espèces de droits réels que des tiers peuvent avoir sur un héritage, diminuent la perfection du domaine de l'héritage et qu'ainsi ces droits réels démembrent la propriété.

(1) Traité des hypothèques, pag. 180.
(2) Traité de la possession et de la prescription, n° 136.

Enfin les lois du 9 messidor an III et 11 brumaire an VII, qui ouvrent en France l'ère nouvelle du régime hypothécaire en lui donnant pour bases fondamentales les deux grands caractères de la publicité et la spécialité, reproduisent les traditions anciennes quant à la nature du droit et quant à l'essence des droits de suite et de préférence.

Le droit hypothécaire reste, tel que l'a créé l'ancien Droit français, purement immobilier. Les meubles ne peuvent plus absolument être hypothéqués. Bien plus, même l'hypothèque est restreinte aux seuls immeubles territoriaux et aux droits de jouissance sur les immeubles, au droit d'usufruit et au droit d'emphytéose (1). Tous les autres biens immobiliers de création coutumière que l'on avait jusque-là reconnus comme susceptibles d'hypothèque, tels que les rentes foncières et même dans certaines coutumes, les rentes constituées à prix d'argent (2), sont écartés du régime hypothécaire comme en général toutes les prestations que la loi a déclarées rachetables.

CHAPITRE II.

EXEGÈSE.

L'art. 2114 du Code Napoléon définit l'hypothèque : un droit réel sur les immeubles affectés à l'acquittement d'une obligation, qui les suit dans quelques mains qu'ils

(1) Art. 6, loi 11 brumaire an VII. Art. 5, loi du 9 messidor an III.
(2) Cout. d'Orléans et de Paris.

passent. Si, à ce texte, l'on ajoute les art. 2093, 2094 qui nous disent que l'hypothèque est une des causes légitimes de préférence dont on doit tenir compte dans la distribution entre les créanciers du prix provenant des biens du débiteur, nous voyons qu'en s'en tenant judaïquement, strictement à la lettre de la loi, toute la nature de notre Droit se trouve parfaitement définie et précisée : c'est un droit réel accessoire portant sur les immeubles et donnant au créancier en faveur duquel il est créé le double droit de suite et de préférence.

I. *Droit réel*. — Et cependant, c'est encore et cela a été, surtout, une question vivement discutée, que de savoir si l'hypothèque était un véritable droit réel.

Nous disons que cela a été surtout, parce qu'il ne nous semble plus possible aujourd'hui qu'une controverse sérieuse puisse s'élever à ce sujet, après les solutions complètes et si clairement explicites de nos plus éminents jurisconsultes. Toutefois, comme là où existe l'indécision, il y a matière à discussion, nous essaierons de présenter notre opinion sur cette matière et de la soutenir par la réfutation des systèmes opposés.

L'hypothèque, nous le pensons, doit être par sa nature ce que nous la montre la définition de l'art. 2114, un véritable droit réel, c'est-à-dire un droit absolu et opposable à toute personne. « C'est envers et contre tous que le » créancier hypothécaire se prétend fondé à se faire » payer une certaine somme sur le prix de vente du » bien hypothéqué. Lorsque ce droit est considéré par » rapport aux autres créanciers du débiteur, on l'appelle » droit de préférence. Si au contraire on le considère

» comme exercé à l'encontre des tiers acquéreurs, il est
» qualifié, droit de suite (1) ».

Mais qu'est-ce donc qu'un droit réel ? La réponse à
cette question nous conduira de suite et de la manière
la plus certaine à savoir si c'est là la nature de l'hypothèque.

Dans toute idée de Droit, nous trouvons trois choses
parfaitement distinctes : le sujet du droit, l'objet du droit
et enfin l'idée abstraite du droit, c'est-à-dire la relation
entre le sujet et l'objet.

Cette relation est-elle directe entre une personne sujet
et une chose objet du droit, c'est-à-dire le droit frappe-
t-il immédiatement et directement la chose, il est alors
dit : droit réel. Au contraire, est-elle indirecte entre la
personne et la chose, c'est-à-dire, le droit ne frappe-t-il
sur la chose qu'après avoir passé déjà par une personne
intermédiaire, en d'autres termes enfin, ne pourra-t-on
faire valoir ce droit sur la chose qu'en alléguant l'obligation d'une personne, le droit sera alors personnel. Le
droit de créance est le type du droit personnel, le droit
de propriété est le droit réel le plus étendu, le plus complet, et nous verrons bientôt quelles conséquences il faut
en tirer.

Dans un droit réel nous n'avons donc jamais qu'à établir
la relation intime et directe d'une personne à une chose,
sans nous préoccuper du rapport d'obligation de telle ou
telle autre personne. De cela, il faut déduire que ce
droit est absolu, c'est-à-dire opposable à toute personne,
qu'il s'attache à la chose et la suit en quelque main

(1) Valette, Traité des hypothèques, n° 124, page 177.

qu'elle passe ; qu'enfin , puisqu'il est de toute évidence
que l'on ne peut être en même-temps plusieurs propriétaires *in solidum* d'une chose , il est , par son caractère
même , exclusif de tout concours.

Ces conséquences que nous voyons ressortir si nette-
ment de la nature de tout droit réel, les trouverons-nous
dans le droit d'hypothèque , et si nous les trouvons ,
faudra-t-il hésiter à admettre de la manière la plus formelle que c'est là un droit réel ?

Or , dans le droit hypothécaire , nous avons incontestablement relation directe et immédiate entre le créancier sujet du droit et l'immeuble hypothéqué , objet de
ce droit. Vainement on voudra prétendre que cet immeuble n'est pas l'objet du droit, qu'il n'en est que le
sujet passif(1) ; que cet objet, c'est l'argent que j'obtiendrai
par l'intermédiaire de cet immeuble et avec lequel je
serai payé de ma créance : c'est là confondre , comme
nous le ferons bientôt remarquer , deux choses qui doivent rester cependant bien distinctes : la créance, droit
principal et son objet , et l'hypothèque , droit accessoire , qui a également son objet. Sans doute le but
dernier que se propose le créancier hypothécaire, c'est ,
en cas de non paiement , de faire vendre l'immeuble et de
se payer sur le prix résultant de cette vente : mais ce
but, il ne pourra l'atteindre que précisément par
le secours du droit qui , en affectant directement
le bien du débiteur , est venu augmenter l'efficacité des
moyens que, simple créancier, il avait pour arriver à
ce résultat final , le paiement de la créance. Au
reste ceci ressort avec encore plus d'évidence de

(1) Marcadé , art. 826 , no 362 , tom. IIe.

cette idée, admise par tout le monde et que nous avons proclamée dans notre introduction, que dans les sûretés réelles, les choses sont obligées elles-mêmes, non pas à cause de la personne et comme accessoires à cette personne, mais en vertu d'un droit qui les saisit principalement et directement.

Si donc la relation est directe et immédiate entre le créancier hypothécaire et la chose hypothéquée, le droit qui en résulte est absolu, opposable à tous. Il suit la chose affectée en quelques mains qu'elle se trouve, et il donne un droit de préférence à la personne qui en est investie; ce sont là des conséquences qui s'enchaînent et se déduisent naturellement les unes des autres.

Nous n'insisterons, quant à présent, ni *sur ce droit de préférence*, qui est le droit essentiel résultant du but même de l'hypothèque, ni sur le droit de suite qui constitue l'une des conditions de son efficacité. Les développements sur cette matière importante trouveront mieux leur place dans l'étude du caractère *de la publicité* qui, tout particulier à notre législation française, est venu modifier profondément la nature et l'étendue de ces deux droits de suite et de préférence.

Qu'il nous suffise de faire remarquer ici que le droit de suite porte sur l'immeuble, tandis que le droit de préférence ne porte que sur le prix et la distribution.

Tous les efforts des partisans du système contraire à l'opinion que nous avons développée, ceux surtout de M. Marcadé qui, presque seul (1), il faut bien le recon-

(1) Voy. aussi M. Demante, t, 325.

naître, a voulu nier que l'hypothèque fût un droit réel ;
n'ont pu arriver, au surplus, à effacer de la loi ces expressions si formelles dont elle se sert dans l'art. 2114,
pour qualifier le droit d'hypothèque, ni ce droit de suite
qu'elle engendre et qui est si clairement indicatif de
l'action réelle. Il n'ont pas plus réussi à faire méconn-
naître que de tout temps, comme nous l'avons vu dans
nos antécédents historiques, l'hypothèque n'ait existé
avec cette nature (1).

II. *Démembrement de la propriété* — Mais si l'hypothèque est un droit réel sur un immeuble, il va s'ensuivre
que le droit du propriétaire de cet immeuble se trouvera
affecté et démembré. En effet, le droit de propriété,
nous l'avons dit, est le droit réel le plus complet, le
plus étendu, c'est, suivant l'art. 544, le droit de disposer d'une chose de la manière la plus absolue, d'en
retirer toute l'utilité qu'elle peut procurer. Or, ce droit
existera-t-il réellement dans toute cette plénitude, lorsqu'un droit particulier d'hypothèque a été concédé sur le
bien ? Sans doute, répondra-t-on, puisque ni l'*usus*,
ni le *fructus*, ni l'*abusus* qui forment les trois éléments
constitutifs du droit de propriété, ne sont affectés par
l'hypothèque, qui les laisse subsister entièrement ; mais
cela n'est pas exact. Peut-on bien dire en effet que le
droit du propriétaire ne soit pas affecté dans l'un de ses
éléments, lorsque nous voyons que le propriétaire est
empêché de faire subir à l'immeuble hypothéqué des

(1) Conf. Dumoulin, Pothier, MM. Delvincourt, Tarribe,
Persil, Troplong, Valette, Paul Pont, Demolombe, Zachariæ,
Duranton.

modifications qui tendraient à l'amoindrir et amoindriraient par contre la sûreté que le créancier a cherchée par son hypothèque. Allons même plus loin : ce n'est plus au propriétaire qu'appartient entièrement le droit de retirer de sa chose toute l'utilité qu'elle peut procurer. Ainsi il ne lui est plus permis de se procurer une somme d'argent en échange de la chose. C'est le créancier hypothécaire qui a désormais envers et contre tous, jusqu'à concurrence du montant de sa créance, le droit de transformer en argent l'immeuble hypothéqué : si le propriétaire vend lui-même, ce ne sera que pour le compte du créancier qui seul pourra toucher le prix de la vente, et si ce dernier n'est pas satisfait du résultat de cette vente, il la fera tomber en en requérant une nouvelle aux enchères. Il faut bien reconnaître que ce sont là autant d'entraves et de limites apportées au droit absolu du propriétaire sur sa chose.

L'hypothèque, droit réel, sera donc un démembrement de la propriété, et c'est là une preuve de plus que ces deux expressions, *droit réel* et *démembrement de la propriété*, toutes les fois qu'il s'agira d'un droit particulier sur une chose venant à l'encontre du droit général et absolu du propriétaire sur cette chose, devront être synonymes (1). Cependant, malgré tout ce qu'elle a de simple et de logique, cette idée est loin

(1) Conf. Marcadé, tom. II, Comment. de l'art. 526, n° 357. Valette, Traité des Hyp. et Priv., n° 124, page 178. Paul Pont, Comment des hyp., n° 527. — Contre : Delvincourt, 7. 1, liv. II, tit. I, dern. alinéa. Puis tom. III, notes sur l'art. 2118. — M. Demante, I, 528. — Demolombe, Cours de Code Napoléon, tom IX, n°s 471-472.

d'être admise par tout le monde : « on ne saurait imagi-
» ner, dit M. Valette, quelle irritation bizarre a parfois
» excitée cette simple proposition : que l'hypothèque est
» un démembrement de la propriété. Ce n'est pourtant
» certes pas une innovation bien audacieuse que d'appli-
» quer à l'hypothèque, tout comme à l'usufruit, aux
» servitudes, cette idée simple, qu'un droit n'est plus
» entier quand on en a ôté quelque chose, si peu que
» ce soit. »

Que les auteurs qui repoussent cette opinion que
l'hypothèque n'est pas un droit réel, n'admettent pas
qu'elle démembre la propriété, cela était tout naturel ; mais nous ne comprenons plus que des auteurs qui
professent que l'hypothèque est, aussi bien que l'usufruit, les servitudes, l'usage, l'habitation, un droit
réel, ne veuillent pas en conclure que, comme ces
mêmes droits, elle est un véritable démembrement de
la propriété. Ils font des distinctions tout à fait arbi-
traires entre ce qu'ils appellent des droits réels principaux et droits réels accessoires, et, se basant sur ce
que ces derniers n'affectent pas la propriété comme les
autres, ils en arrivent à dire que ce ne sont pas des
démembrements de cette propriété. Mais nous n'avons
pas à rechercher ici si le droit de propriété est plus
ou moins restreint : nous avons seulement à constater qu'il est restreint par un autre droit, et nous venons de démontrer que cet effet est bien réellement
produit par le droit d'hypothèque.

De tout cela nous pouvons donc, il semble, conclure avec la presque unanimité des auteurs, que l'hypothèque est un droit réel, démembrement de la propriété.

4

III. *Droit immobilier*. — Mais nous ne nous attirerons pas le reproche de contradiction avec nous-même que nos adversaires ont adressé assez justement à la plupart des auteurs (1); et, déduisant logiquement toutes les conséquences de notre appréciation, nous dirons, avec le plus petit nombre, il est vrai, mais enfin avec le bon sens et la raison, que précisément parce que l'hypothèque est un *jus in re*, un droit réel, un droit dans un héritage, elle appartient à la classe des droits immobiliers. Toutes les fois, dit M. Troplong (2), qui cependant se contredira bientôt, en professant que l'hypothèque est un droit mobilier, qu'on a un droit dans un héritage, un *jus in re immobili*, le droit suit la nature de l'héritage et est comme lui de la classe des biens immeubles.

Tout droit est, par sa nature propre, une chose incorporelle, c'est-à-dire sans existence physique : lors donc que l'on divise les droits en mobiliers ou immobiliers, ce ne peut être que par l'effet d'une fiction qui fait rejaillir sur le droit, idée abstraite, la nature physique de l'objet corporel auquel il s'attache, ou à l'obtention duquel il tend.

D'après cela cette division existe donc aussi bien pour les droits réels que pour les droits personnels : on dit également : *Jura in re immobili ou mobili, et jura ad rem immobilem ou mobilem*. Mais à quel signe reconnaître la nature mobilière ou immobilière d'un droit? Aucune difficulté dans les droits réels : le rapport étant direct entre la personne et la chose, il suffira de reconnaître le caractère de cette chose pour décider ce caractère du

(1) Voir Marcadé, art. 526, nº 560.
(2) Troplong, art. 1709, nº 17.

droit. Le plus difficile ici sera souvent de déterminer la nature réelle du droit. Mais la difficulté sera plus grande dans les droits personnels par suite de l'intervention d'un tiers entre le possesseur du droit et l'objet de ce droit. Il faudra examiner si cet objet résulte d'une obligation soit de donner, soit de faire, soit de ne pas faire ; et dans l'obligation de donner, c'est-à-dire dans une créance, la nature de l'objet s'appréciera suivant la demande du créancier ; cette demande porte-t-elle sur un objet mobilier, le droit sera mobilier ; porte-t-elle sur un immeuble, le droit sera immobilier.

Ceci posé, pour apprécier la nature mobilière ou immobilière de l'hypothèque, il faut donc d'abord résoudre la question de savoir si c'est un droit réel ou personnel. Si comme nous venons de le faire, on décide que c'est un droit réel, point de difficultés : son objet ne peut être qu'immobilier et ce qui, outre les textes formels de la loi dont nous examinerons bientôt le sens (1), le prouve d'une manière péremptoire, c'est le soin que prend le législateur, dans l'intérêt du crédit public, d'immobiliser dans certains cas exceptionnels des biens qui par leur nature étaient meubles, précisément pour que ces biens deviennent ainsi susceptibles d'hypothèque (actions immobilisées de la Banque de France, et de la Compagnie des Canaux d'Orléans et du Loing). L'hypothèque sera donc un droit réel immobilier rentrant dans la même catégorie que ceux que la loi énumère dans l'art. 526(2).

(1) Art. 2114-2118, art. 2119.: Les meubles n'ont pas de suite par hypothèques ; et enfin, art. 2204.

(2) Conf. Pothier, Zachariæ, II, page 98. — Martou, no 601, Paul Pont, no 528, art. 2114-2117. — Jurisprudence, Cassat., 18 juillet 1845, Cours d'Orléans et de Cassat., 2 mars 1840.

D'où vient cependant que de savants jurisconsultes qui admettent l'hypothèque comme droit réel, démembrement de la propriété, prétendent ensuite que ce n'est qu'un droit mobilier, ce qui nous semble une contradiction flagrante ? (1) Cela vient de ce qu'au lieu de considérer l'objet du droit d'hypothèque en lui-même, ils ne considèrent que la nature de la créance, à laquelle ce droit est accessoirement attaché, confondant et le principal et l'accessoire d'après une interprétation tout-à-fait inexacte de la règle que *l'accessoire suit le principal*.

Cette règle veut dire que si le principal disparaît complètement, sans être remplacé par une nouvelle créance, l'accessoire devra disparaître aussi, parce qu'il n'est pas possible de concevoir un accessoire subsistant seul, sans pouvoir se rattacher à rien. Mais jamais elle n'a voulu dire que le droit principal doive absorber et la nature et les caractères du droit accessoire, pour lui communiquer ou imprimer les siens.

Il ne faut pas de grands efforts d'imagination pour concevoir la coexistence, comme principal et accessoire, de deux droits ayant chacun sa nature et ses caractères différents. Ainsi, une créance droit personnel, pourra très bien être garantie par un droit réel : le droit de gage, par exemple, auquel personne ne contestera cette nature. Ainsi encore une créance immobilière, la créance de tant d'hectares de terre pourra parfaitement être garantie par un gage mobilier qui, cependant, sera un

(1) M. Troplong, loc. citat. Delvincourt, Demante, Persil, Duranton, Demolombe. — Nous ne croyons pas devoir ranger au nombre de ces auteurs, M. Valette, quoi qu'en dise M. Paul Pont, page 516.

accessoire véritable de la créance. Les cas seront rares, mais enfin il pourra y en avoir (1).

Si donc l'accessoire peut avoir sa nature et ses caractères propres indépendamment du principal, pourquoi confondre l'hypothèque avec la créance qu'elle garantit? L'une est un droit personnel, *jus ad rem*, exprimant le rapport d'obligation qui existe entre un créancier et son débiteur, l'autre est un rapport direct du créancier sur l'immeuble de son débiteur, un droit réel, démembrement de la propriété. L'une a pour objet le paiement d'une somme d'argent, c'est-à-dire une chose mobilière; l'autre ne peut avoir pour objet qu'un immeuble. L'une, enfin, peut être divisible, tandis que l'autre est toujours indivisible ; en sorte que la créance peut avoir été éteinte en partie, tandis que l'hypothèque subsiste en entier. Comme on le voit, ces deux droits sont distincts, quant à leur nature, quant à leur objet, quant à leurs caractères et même, dans une certaine limite, à leur existence.

Faudra-t-il donc que, par le seul fait de leur rapprochement, de la subordination de l'un à l'autre, ces distinctions s'effacent? Faudra-t-il dire que l'on ne peut concevoir qu'une créance mobilière puisse avoir comme accessoire un droit immobilier ? Non, évidemment : ce serait là, nous venons de le prouver, une argumentation qui ne nous paraît nullement décisive.

Nous ne comprenons pas, nous l'avons dit, que l'opinion basée sur cette argumentation ait pu être soutenue par les auteurs qui admettaient l'hypothèque comme un droit réel, démembrement de la propriété. Pour

(1) Valette, page 181 in fine.

eux il ne pouvait y avoir de confusion possible ni sur la nature ni sur l'objet du droit. Ils n'avaient, comme conséquence logique de leur appréciation, qu'à appliquer à l'hypothèque ce que l'article 526 applique aux autres démembrements de la propriété, et ils auraient bien été forcément conduits à reconnaître que, par l'objet auquel il s'applique, le droit d'hypothèque est un droit immobilier.

Quant à ceux qui, comme M. Marcadé, refusent à l'hypothèque cette nature de droit réel et en font un *jus ad rem*, la conséquence qu'ils en tirent que c'est un droit mobilier, quoique paraissant plus logique, est encore basée sur la confusion du droit de créance et du droit d'hypothèque quant à leur objet : ils ont voulu que l'objet auquel s'appliquait l'hypothèque fût précisément l'objet du droit de créance, c'est-à-dire une somme d'argent, une chose mobilière. Mais que devient alors l'immeuble qu'ils reconnaissent cependant être directement obligé? Qu'en font-ils? Au moyen d'une distinction ingénieuse, mais qui ne trouve nulle part sa raison d'être, ils pensent se soustraire à cette objection : l'immeuble n'est pas précisément l'objet direct du droit, ce n'en est que le sujet actif. Quant à l'objet, au sujet actif du droit, c'est la somme d'argent que j'obtiendrai par l'intermédiaire de cet immeuble. Que décider de tout cela? C'est qu'en rétablissant les choses dans leur véritable état, les différences que nous avons signalées reparaissent, et cette opinion tombe d'elle-même.

L'hypothèque est au point de vue de son objet un droit immobilier, un droit sur les immeubles, nous dit l'art. 2114 en termes bien précis.

V. — *Quels biens peuvent être l'objet d'un droit d'hypothèque ?* Mais que faut-il entendre par ce mot *immeubles ?* Faut-il le prendre ici dans tous les sens que lui donne le législateur du Code au titre de la distinction des biens (Liv. 2. tit. I.), lorsqu'il distingue les immeubles en trois classes : 1° immeubles par leur nature ; 2° par leur destination ; 3° par l'objet auquel ils s'appliquent ? (art. 517) Non sans doute, car nous allons voir que, d'un côté, certains des immeubles compris dans ces trois classes , ne sont pas susceptibles d'hypothèques et que, d'un autre côté, il y a en dehors de cette classification, des biens qui, immobilisés par une disposition particulière de la loi, se trouvent être soumis au droit hypothécaire.

Pour rechercher et fixer d'une manière certaine quels sont donc les biens immobiliers susceptibles d'hypothèque , nous pouvons poser d'abord cette règle qui nous guidera et qui ressort implicitement de la combinaison des art. 2118 et 2204 : c'est que ceux-là seuls, parmi les immeubles , seront efficacement soumis à l'hypothèque , qui peuvent être l'objet d'une saisie immobilière pratiquée conformément aux lois de la procédure (1). Et en effet, le but de l'hypothèque, c'est de conduire à cette saisie qui doit amener la réalisation d'un prix, d'une somme d'argent sur laquelle le créancier hypothécaire sera désintéressé par droit de préférence. Il faut donc tout naturellement, pour que ce but soit atteint, que l'immeuble, objet du droit, puisse être aliéné, c'est-à-dire qu'il soit dans le commerce.

En appliquant notre règle aux différents immeubles

_____

(1) Valette , n° 127 , page 185.

désignés par l'art. 517, nous trouvons tout d'abord que les immeubles par nature, c'est-à-dire ceux qui sont réellement immobiliers et hors d'état d'être transportés d'un lieu à un autre, comme un fonds de terre, les bâtiments élevés sur ce fonds (*quod solo inædificatur, solo cedit*), peuvent être vendus par expropriation forcée et sont par conséquent susceptibles d'hypothèque (art. 2118, 2204.)

Il est évident au reste que si ces immeubles sont inaliénables, soit parce qu'ils font partie du domaine public, soit pour toute autre cause, notre règle n'a plus d'application, puisque ces biens sont en dehors du commerce.

Quant aux immeubles par destination, c'est-à-dire aux objets qui, quoique conservant leur nature mobile, sont en quelque sorte immobilisés à cause de leur rapport intime avec un immeuble, il est certain que, puisque l'accessoire doit suivre le principal au moins en ce qui affecte son existence, et que ce sont là de véritables accessoires (art. 2118, 2204), ils seront eux aussi susceptibles d'hypothèque lorsque l'immeuble auquel ils sont attachés y sera soumis.

Mais remarquons-le bien : la condition essentielle pour que cet effet se produise, est que la chose immobilière par sa destination, soit et demeure unie à l'immeuble auquel elle est attachée ou incorporée. Du moment, en effet, où cet objet se trouve séparé de l'immeuble hypothéqué, il recouvre sa nature première et particulière de bien meuble, et comme tel, il n'est plus susceptible d'être grevé d'hypothèque. Par conséquent s'il vient à être saisi ou vendu en justice, si même il a été vendu par le détenteur de l'immeuble, que ce soit ou non le débiteur de la créance hypothécaire, le prix résultant de cette vente échappera au droit de préférence des

créanciers hypothécaires , et il ne pourra leur être dis-
tribué par ordre d'hypothèque. Nous irons même plus
loin et nous dirons que, si l'objet attaché à l'immeuble
hypothéqué est employé par le propriétaire à un nouvel
usage ; si par exemple il est attaché par lui à un autre
immeuble sur lequel ne porte pas l'hypothèque, cet objet,
quoique restant immeuble par destination , échappera à
l'hypothèque.

Mais , dira-t-on , il sera donc alors au pouvoir du débiteur, en mobilisant à son gré soit par la vente , soit
par l'emploi nouveau , soit en un mot par toute espèce
de séparation , ces immeubles par destination , de déna-
turer le gage de ses créanciers, de diminuer la portée et
l'étendue de leur hypothèque , et leur causer ainsi un
grand préjudice ? Sans doute il y aura pour eux des risques à courir ; mais ils trouveront toujours dans les principes généraux du Droit , les moyens de se préserver de
ces éventualités. Le législateur ne s'en est pas montré
avare à leur égard, et toutes les fois qu'il le peut, il les
met en garde contre la mauvaise foi du débiteur. Outre
les oppositions qu'ils peuvent faire à l'exercice du droit
de propriétaire de la part de leur débiteur , outre l'action révocatoire Paulienne , la loi leur accorde spécialement pour ce cas le droit, soit d'exiger le rétablissement
des choses dans leur premier état, soit de s'emparer, avec
autorisation de justice , des objets mobilisés à leur
préjudice pour les rattacher à l'immeuble hypothéqué.
Maintenant que faut-il comprendre dans cette catégorie des
immeubles par destination ? Faut-il y ramener tout ce
qui , meuble par sa nature première , s'est immobilisé
par l'accession ? Mais alors les bâtiments eux-mêmes que
le Code range dans la catégorie des immeubles par na-

ture , ne seront immeubles que par leur accession au
sol et rentreront alors dans la 2e classe ; en sorte que
nous n'aurions plus que les fonds de terre qui seraient
immeubles par nature ? Nous serions d'autant plus porté
à cette interprétation , que l'on range généralement
dans la classe des immeubles par destination , les fruits
et produits de la terre tant civils que naturels , qui , cependant , comme le fait très-bien remarquer M. P. Pont,
n° 360 , pouvaient être immeubles par leur nature au
même titre que les bâtiments, c'est-à-dire par suite de leur
inhérence au sol et de leur immobilité. Et que l'on ne s'y
trompe pas , cette classification a une importance réelle :
si , en effet, on admet que les fruits sont immeubles par
nature, l'hypothèque les atteindra donc indistinctement du
sol , et toute aliénation de ces fruits faite par le propriétaire en dehors de ses droits d'administration qui lui sont
toujours réservés, n'aura pas pour effet leur mobilisation et l'extinction de l'hypothèque : au contraire en clas-
sant les fruits dans la catégorie des immeubles par destination, par accession, nous rentrons dans l'ordre vraiment
naturel des choses, et alors nous n'avons plus besoin de
réserver expressément les droits d'administration du
propriétaire. Toute aliénation faite dans l'exercice régu-
lier et loyal de cette administration , ne préjudicie pas
aux créanciers hypothécaires qui , lorsqu'ils ont traité
avec leur débiteur, savaient parfaitement que le droit
qu'ils acquéraient laissait à ce débiteur la possession de
sa chose , et avec cette possession , la faculté qui n'en
doit pas être séparée , de gérer et d'administrer. Quant
aux aliénations faites en dehors de ces droits d'administration , nous avons déjà dit que le législateur leur a
donné des moyens efficaces d'en prévenir les conséquences préjudiciables.

Devant la vérité de ces inductions, il nous paraît donc beaucoup plus rationnel de ranger les fruits et produits des fonds tels que nous les trouvons désignés dans les art. 520 et 521, dans la catégorie des immeubles par accession, ou, en parlant le langage du Code, par destination, plutôt que dans celle des immeubles par nature, comme le laissent supposer les termes, assez vagues du reste, de ces deux mêmes articles.

Au reste, il faut le reconnaître, ce sera ici par la force même des choses et par la nature intime qui existe entre le fonds de terre et les fruits et produits de cette terre, que ces fruits et produits seront immeubles : au contraire, il y aura des choses qui, quoique adhérentes ou attachées à l'immeuble, conserveront leur nature de meubles et échapperont à l'hypothèque, tant qu'il ne résultera pas de leur placement, fait avec intention par le propriétaire ou par celui qui possède à ce titre, qu'ils doivent être immobilisés.

Nous admettrions donc très bien l'utilité de cette distinction que fait M. Paul Pont (1) entre l'immobilisation qui résulte de la force même des choses et de la nature du rapport établi entre l'immeuble et l'objet immobilisé, et celle qui ne peut s'induire que de l'intention présumée de la personne qui a mis l'objet mobilier en rapport intime avec l'immeuble. — Cette distinction, au surplus, nous semble résulter bien formellement des textes mêmes des articles 522, 524 et 525.

Nous voici arrivé à la troisième classe des immeu-

(1) Paul Pont, n° 572, art. 2118.

bles désignés par l'article 517 : les biens déclarés tels par l'objet auquel ils s'appliquent ; ce sont des biens incorporels, des droits frappant sur une chose corporelle immobilière. Ils sont, nous l'avons vu déjà, de deux espèces bien distinctes : 1o les droits existants sur un immeuble et formant les démembrements de sa propriété (*jura in re immobili*); 2o les droits ayant pour objet l'obtention de la propriété d'un immeuble ou d'un démembrement de cet immeuble (*jura ad rem immobilem*),

Parmi ceux de la première espèce, les art 2118 et 2204 ne nous montrent que l'usufruit comme étant susceptible d'hypothèque. L'usage et l'habitation, les services fonciers, quoiqu'immeubles au même titre que l'usufruit, ne sont pourtant pas susceptibles d'hypothèque. Notre règle va nous en donner de suite le motif : l'usufruit d'un immeuble peut être cédé par celui auquel il appartient, sans doute tel qu'il existe, c'est-à-dire purement viager et soumis à toutes les chances d'extinction ; mais enfin il peut être cédé. De plus, il peut être l'objet d'une expropriation pratiquée à la requête des créanciers de l'usufruitier. Il réunit donc toutes les conditions désirables pour pouvoir être soumis à une hypothèque. Mais il n'en est pas de même pour les autres droits réels immobiliers. L'usage et l'habitation, dont les avantages ne peuvent se mesurer que par une appréciation tout à fait interne et personnelle, variable selon les différents besoins du titulaire du droit, ne sont pas transmissibles à des tiers. Ils ne peuvent donc faire l'objet d'une expropriation, et par conséquent d'une hypothèque.

Les services fonciers, les servitudes actives, ne pouvant exister que par suite de l'utilité qu'elles procurent sur un fonds au fonds voisin, ne peuvent tout naturellement appartenir qu'à ce dernier. — Sans doute il pourra y avoir une cession possible de ces servitudes entre les propriétaires de ces deux fonds ; mais, en dehors de ces deux personnes, on ne peut concevoir cette cession de servitudes, considérées, bien entendu, isolément, et comme détachées du fonds dominant. Cela nous amène tout naturellement à ce que, par sa nature même, la servitude étant incompatible avec une mise aux enchères publiques, ne pourrait, d'après nos principes, être grevée d'hypothèque. Si, au contraire, nous ne considérons les servitudes que comme accessoires du fonds dominant, il faudra décider que si ce fonds est hypothéqué, les servitudes actives qui lui appartiennent seront nécessairement grevées de la même hypothèque, puisque nos articles 2118 et 2204 nous disent que l'hypothèque porte sur les immeubles et leurs accessoires réputés immeubles.

Mais ce ne sont pas là tous les biens qui, par l'objet auxquels ils s'appliquent, doivent être réputés immeubles, et M. Marcadé fait remarquer avec raison que l'énumération de l'article 526 est incomplète et peu logique (1). Et, en effet, l'usufruit, l'usage et l'habitation, les servitudes, ne constituent pas tous les droits réels, démembrements de la propriété. Nous venons de voir que l'hypothèque doit aussi être rangée dans le nombre, et comprise dans les droits immobiliers

(1) Marcadé, tom. II, art. 526.

par l'objet auquel ils s'appliquent. Mais que faut-il décider du bail, de l'emphytéose? Sont-ce des droits réels, démembrements de la propriété? Comme tels devons-nous les ranger dans la classe des droits immobiliers susceptibles d'hypothèque?

Avant d'examiner ces questions controversées, disons quelques mots d'une question qui trouve ici sa place et qui a trait à l'hypothèque prise en elle-même:

L'hypothèque, nous l'avons vu, est un droit réel immobilier. Est-il cessible, est-il susceptible d'expropriation et comme tel peut-il lui-même être grevé d'une hypothèque?

L'historique de cette question nous est connu : en Droit Romain, la maxime *pignus pignori dari potest*, paraissait signifier, d'après plusieurs auteurs (1), que le créancier-gagiste pouvait engager la chose même qui lui avait déjà été engagée et non pas, qu'il pouvait engager son droit de gage. Mais, d'un autre côté, l'on pouvait hypothéquer une créance hypothécaire et alors il était vrai de dire que l'hypothèque de la créance emportait nécessairement l'hypothèque de l'hypothèque attachée à cette même créance.

Dans notre ancien Droit Français, on avait confondu les deux choses et par une mauvaise interprétation de la maxime *pignus pignori dari potest*, on en était arrivé, en prenant la chose pour le droit, à dire que c'était là une hypothèque en sous-ordre sur la première hypothèque (2). Notre Droit a repoussé

(1) Notamment Pellat, traduct. de Schilling. § 206, Observations.
(2) Voir Pothier sur le titre XXI de la Const. d'Orléans, 817, nos 141 à 145.

cette interprétation et aujourd'hui le principe contraire, hypothèque sur hypothèque ne vaut, est proclamé comme incontestable par tous les jurisconsultes ; pourquoi, en effet, venir par des complications inextricables, et des confusions qu'il ne paraissait guère possible d'éviter, embrouiller notre système hypothécaire qui réclame, au contraire, par son importance, tant de netteté.

Mais ceci veut-il dire que la créance hypothécaire ne soit toujours parfaitement cessible? Non, sans doute : l'on peut donner en gage (1) cette créance, ce qui revient à dire que l'on peut la céder, puisque dans le cas où l'on ne satisferait pas à sa propre obligation, il y a cession véritable.

Peut-on de même céder l'hypothèque en elle-même, indépendamment de la créance? Nul doute encore là dessus. Tout le monde sait que l'hypothèque légale des femmes, par exemple, est parfaitement cessible et qu'alors le tiers cessionnaire prend par l'effet de la subrogation, le lieu et place de la femme ; et que l'on ne s'y trompe pas, c'est là une cession parfaitement légale et qui ne contrarie en rien le principe posé dans notre législation actuelle : qu'hypothèque sur hypothèque ne vaut.

Il n'y a pas une seconde hypothèque sur la première dans cette cession. La première hypothèque subsiste toujours intacte : il n'y a eu que changement de titulaire. Cela n'a donc pas du tout été une concession obtenue par la pratique, un expédient pour concilier la marche des affaires et le jeu des intérêts avec la sup-

(1) Art. 2075, 2076. C. Nap.

pression des sous-hypothèques de notre ancien Droit
comme l'a prétendu M. Valette (1) : légalement, juridi
quement, l'hypothèque en elle-même, indépendammen
de la créance, a toujours été et est encore cessible e
principe, sauf quelques exceptions : par exemple, cell
de la femme mariée sous le régime dotal, et qui n
peut céder son hypothèque légale, ni y renoncer (ap
plication du principe de l'inaliénabilité). Le texte mêm
de l'art. 9 de la loi du 25 mars 1855, nous dit : Dan
les cas où la femme peut céder son hypothèque légal
ou y renoncer, etc., etc.

L'hypothèque est donc un droit parfaitement cessible
c'est la loi elle-même qui nous le dit. Et que l'on n
vienne pas objecter que cette cession reproduit avec un
simple transformation de l'ancien *pignus pignoris* et donn
lieu au sous-odre que repousse si formellement l'art
778 du C. Procéd. Il y a, en effet, entre le *pignus pi
gnoris* et la cession actuelle des hypothèques des différences trop réelles et bien tranchées qui repoussent cett
objection!

Revenons au point de savoir si l'emphytéose et l
bail sont susceptibles d'hypothèques, ce qui nous conduit à examiner si ce sont des droits réels immobiliers
cessibles et susceptibles d'expropriation forcée.

Et d'abord la question sur le bail pouvait-elle se poser
A première vue il semble, en effet, qu'il n'y ait pa
lieu à rechercher si le bail est autre chose qu'un droi
purement personnel! Cependant l'art. 1753 du C. Nap
a soulevé un doute à ce sujet, en disant que le tiers-ac
quéreur d'un immeuble devait respecter le droit du lo-

(1) Traité des hyp., page 210.

cataire ; d'après cela le locataire aurait donc un droit
de suite, c'est-à-dire un droit qui ne peut exister que
comme conséquence d'un droit réel, d'un droit absolu et
opposable à tous. C'est ce que M. Troplong s'est efforcé
de démontrer ; mais il y a plus : l'art. 684 du C. Proc.
semble donner au locataire un véritable droit de préférence sur les créanciers du bailleur. Si donc le locataire
a réuni les deux éléments constitutifs du droit réel,
droit de suite et droit de préférence, son droit est un
droit réel. Cette solution n'est cependant pas admise,
et la plus grande majorité des auteurs, de même que la
jurisprudence, ne veut voir dans le droit de bail qu'un
droit purement personnel (1).

Mais il n'en est pas de même pour le droit d'emphytéose? Ici la controverse est bien posée et la solution
beaucoup plus douteuse. Le Code ne parle nulle part du
droit emphytéotique. Dans ce silence fallait-il, comme
l'ont fait et la pratique et la plus grande partie des jurisconsultes (2), admettre aujourd'hui encore son existence
comme un droit de jouissance d'une nature particulière,
ou bien fallait-il voir dans ce silence, comme le voudrait

---

(1) V. M. Troplong, art. 1709, nos 5 à 20 et la réfutation de
sa théorie, par Marcadé, tom. II, art. 526. V, 564 et art. 595,
no 1.

(2) Jurisprudence : Paris, 10 mai 1831. Douai, 13 déc. 1832.
— C. de Cassat., 19 juillet 1832. 1er avril 1840. 18 mai 1847.
6 mars 1850. 26 avril 1853. — Doctrine, Merlin, Persil, art.
2118, no 15. — Duranton (tom. IV, no 80. — Tom. XIX,
no 268). — Troplong, loc. cit. (Duvergier, Bathier, Marcadé
(tom. II, page 352).

M. Valette (1), l'intention du législateur de l'écarter de
notre législation nouvelle, comme n'étant plus en rapport
ni avec nos mœurs, ni avec la constitution actuelle de la
propriété ? Là est le nœud de la question ; car si l'on
admet l'existence du droit emphytéotique, il nous paraît
impossible de le considérer autrement que comme une
espèce d'usufruit, un usufruit de longue durée ; et alors
il rentre comme l'usufruit dans la classification des droits
réels immobiliers, démembrement de la propriété : comme lui il est cessible, susceptible d'expropriation forcée
et partant d'hypothèque.

Il est en principe dans l'organisation des lois,
que toute disposition législative, qui n'a pas été
expressément abrogée par une disposition postérieure,
subsiste et produit ses effets. C'est là ce que
nous dit l'article 7 de la loi contenant la réunion
des lois civiles en un seul corps de lois, sous le
titre de Code Civil des Français, 30 ventôse an XII,
21 mars 1804. « A compter du jour où ces lois
»sont exécutoires, les lois romaines, les ordonnan-
»ces, les coutumes générales ou locales, les statuts,
»les réglements, cessent d'avoir force de loi générale
»ou particulière dans les matières qui sont l'objet des-
»dites lois composant le présent Code. » Donc, dans les
matières dont le Code ne s'est pas occupé expressément,
les lois et réglements antérieurs subsistent et ont force
de loi : donc encore, le contrat d'emphytéose, dont
le Code ne dit rien, reste soumis aux dispositions des

(1) Valette, nº 128, page 191. — Demolombe, tom. IX,
nº 401. — Delvincourt (tom. III, page 185). — Proudhon (usuf.
nº 97). — Championnerie et Rigaud, Toullier, Frenier, Paul
Pont, art. 2118, nº 388.

dernières lois qui en ont parlé, c'est-à-dire de l'art. 5 de la loi du 9 messidor an III et de l'article 6 de la loi de brumaire an VII. En vain, dira-t-on, que ce n'est point ainsi que doit s'interpréter le silence du Code; qu'il n'est pas possible de concevoir qu'un droit aussi important, aussi connu que l'emphytéose; qu'un droit mentionné, depuis les Institutes de Justinien, dans tous les traités et jusque dans les moindres manuels des jurisconsultes, eût été entièrement passé sous silence par les auteurs du Code Nap., si leur intention bien arrêtée n'avait pas été de le supprimer. A cela nous répondrons, en retournant l'argument, que c'est justement parce que l'emphytéose était un droit fort connu et fort important, que les rédacteurs du Code, s'ils avaient voulu le supprimer, l'auraient fait par une disposition expresse, ou du moins par des termes qui fissent bien comprendre leur intention, comme ils ont fait pour bien des institutions de l'ancien Droit : ainsi, par exemple, pour les donations à cause de mort (1). Et, enfin, quel intérêt à faire disparaître de notre législation ce contrat, si utile et si important, du moment que les lois de l'an III et de l'an VII étaient venues lui enlever justement ce qu'il aurait pu avoir de choquant avec nos mœurs et de gênant pour la nouvelle constitution de la propriété, en déclarant désormais remboursables, à la volonté des débiteurs, dans le contrat d'emphytéose comme dans les contrats analogues, toutes rentes et redevances actuellement perpétuelles et irrachetables. Aussi voyons-nous, dans certaines parties de la France, dans l'Alsace surtout,

(1) Art. 893, C. Nap.

ce contrat se former encore très fréquemment et être parfaitement valable. L'Etat lui-même, les communes et les établissements publics, ont toujours consenti et consentent fréquemment des emphytéoses temporaires (1).

On objecte encore que l'art. 526, qui contient l'énumération des droits réels, doit être essentiellement limitatif, vu l'importance et la grande portée des droits qu'il constate. C'est M. Valette qui pose cette objection (2), et cependant lui-même est le premier à soutenir, avec beaucoup de raison du reste, que l'hypothèque est elle-même un droit réel, démembrement de la propriété, et que toute classification de droits réels qui ne la contient pas est incomplète. Et cependant, nous ne voyons pas ce droit figurer dans l'article 526 au nombre des droits réels. Si donc cet article n'est pas strictement limitatif par rapport à l'hypothèque, pourquoi le serait-il davantage par rapport à l'emphytéose?

Si l'énumération de notre article est énonciative et non limitative, il devient évident que l'emphytéose est comprise dans le n° 1 de l'art. 2118 sous le terme général des biens immobiliers susceptibles d'hypothèque; et dans l'art. 2181, sous cet autre terme général des droits réels immobiliers. Et en effet dans ce dernier article, comment expliquer autrement la généralité de ce terme au pluriel, puisqu'en dehors de l'emphytéose, nous ne voyons pas de droit réel autre que l'usufruit

(1) Voy. Ordonnance du 8 août 1821, Marcadé, art. 526, n° 358.

(2) N° 128, 1re question, page 192.

dont il soit nécessaire d'opérer la transcription pour la purge des hypothèques.

Ainsi donc, voilà bien des raisons, il nous semble, de décider l'existence et la validité parfaite des contrats emphytéotiques sous notre législation.

Or, nous l'avons dit, si cette existence est incontestable, l'on ne peut se figurer le droit d'emphytéose que comme un droit réel immobilier, démembrement de la propriété, et l'assimiler, sous ce rapport au moins, à l'usufruit.

Nous disons sous ce rapport au moins, parce qu'il y a entre l'usufruit et l'emphytéose des différences assez notables pour que les rédacteurs du Code n'aient pas pu penser, comme on a voulu le prétendre, (1) à renfermer ces deux droits sous le terme unique d'usufruit. Sans doute l'un et l'autre sont des démembrements qui laissent subsister la nue propriété. Mais, à la différence du simple usufruitier, l'emphythéote est, pendant la durée de son droit, maître absolu de la chose, dont il peut changer la substance, en vue d'amélioration. Aussi supporte-t-il même les grosses réparations. Enfin le droit de l'emphytéote passe à ses héritiers et ne s'éteint qu'au temps marqué : il peut être perpétuel, c'est-à-dire, comme l'on entend aujourd'hui ces mots, durer quatre vingt-dix-neuf ans. Il peut aussi, bien entendu, être temporaire, fixé à un moindre temps.

On s'est demandé si l'emphytéose perpétuelle, depuis les lois qui ont prohibé les redevances annuelles, était un contrat translatif de droit réel, démembrement de la propriété, ou bien ne transférait pas plutôt cette propriété

(1) Marcadé, 388, fin du premier alinéa.

elle-même? Nous ne comprenons pas que l'on ait même
posé la question ; puisque la perpétuité ne dure jamais
au-delà de quatre vingt-dix-neuf ans dans notre législation, il est évident qu'à ce terme, les héritiers du propriétaire concédant, qui n'ont jamais perdu de droit,
sinon de fait, la nue propriété, recouvreront cette propriété pleine et entière au bout de ce temps qui aura
amené l'extinction du droit d'emphytéose ?

Nous nous sommes étendu assez longuement sur ce
point, par cela même qu'il est très obscur par suite du
silence de la loi nouvelle, et qu'il nous semblait assez
important pour mériter de fixer un moment l'attention.

La deuxième espèce des droits immeubles par l'objet
auquel ils s'appliquent, comprend, d'après notre art. 526,
les actions qui tendent à revendiquer un immeuble :
mais, disons plus généralement, tous droits, qui, sans se
reporter directement à l'immeuble, tendent à lui et ont
pour but la propriété et un démembrement de cette
propriété. De ce nombre se trouveront donc non-seulement les actions ou prétentions sujettes à contestation,
telles que les actions en revendication, en nullité, en res-
cision, mais même tous les droits litigieux, pourvu qu'ils
soient subordonnés à l'événement d'une condition. Eh
bien, ces droits immobiliers par leur objet, sont-ils susceptibles d'hypothèques par eux-mêmes, en d'autres termes
une saisie immobilière et la mise aux enchères peuvent-
elles avoir pour objet des droits litigieux ou conditionnels ?
Là est toute la question. Car il est évident que si nous ne
considérons plus ces droits par eux-mêmes, comme
droits *sui generis*, mais seulement comme accessoires
d'un droit de propriété que l'on conteste, l'hypothèque
consentie sur ce droit contesté de propriété, comprendra

aussi les actions et autres droits litigieux qui pourront appuyer les prétentions du propriétaire. Cette hypothèque sera, comme le droit qu'elle garantit, soumise aux chances du procès ou à l'événement de la condition. Ceci ressort clairement de l'art. 2125.

En examinant donc la question comme nous l'avons posée, il nous semble avec la généralité des auteurs et avec la jurisprudence (1) qu'il ne peut être douteux, que les droits litigieux ou conditionnels, pris en eux-mêmes, ne puissent être hypothéqués : les arguments contraires que quelques auteurs ont voulu tirer des art. 2092 et 2093 et de la généralité des termes de l'art. 2118, tombent bien facilement devant un examen un peu attentif. En effet, celui que l'on tire de ce que les biens du débiteur sont le gage commun de ses créanciers, n'a aucun rapport avec notre question. Rien ne lie évidemment l'une de ces idées à l'autre. Quant à celui de l'art. 2118, il suffira de faire remarquer que précisément dans cet article la seule application qui soit faite aux biens immobiliers de l'art. 526, dans lesquels se rangent nos droits et actions, du principe de l'hypothèque, c'est à l'usufruit et cela à l'exclusion des autres. Il nous paraît donc inutile d'insister plus longtemps sur cette seconde espèce de notre dernière catégorie d'immeubles.

(1) Confér. Delvincourt (tom. III, page 407. Persil, Quest., tom. II, page 270. — Troplong, no 400. — Zacharie, tom. II, page 99. — Valette, loc. cit., page 204. — Marcadé, no 741. — Paul Pont, art. 2118, no 305. — Grenoble, 24 janv. 1838. — Orléans, 27 janv. 1842. — Cassat., 14 mai 1806. — Contra. M. Pigeau (Procéd. Civ., 2e édit., page 207. — Duranton, tom. XVI, no 409. — XXI, no 7. — Contredisant le tom. IV, no 17.

Nous avons tour-à-tour examiné quels étaient dans les trois classifications légales des immeubles, ceux qui sont susceptibles d'hypothèques. Mais nous l'avons dit, il existe en dehors de ces classifications des objets immobiliers, par la détermination de la loi, (1) qui peuvent être l'objet d'une expropriation forcée et partant d'une hypothèque: ainsi 1° les mines exploitées en vertu d'un acte de concession du gouvernement, que l'art. 8 de la loi du 21 avril 1810, déclare être immeubles, et que l'art. 7 de la même loi nous dit être cessibles et susceptibles d'expropriation. Leurs accessoires réputés immeubles, même art. 8.

2° Les diverses autres propriétés superficiaires dont on peut reconnaître l'existence dans notre Droit, telles que : celle des constructions élevées sur un terrain ou cours d'eau du domaine public : la nature de ces constructions est immobilière, bien qu'elles ne dépendent pas de la propriété du sol. La propriété des divers étages d'une maison. Celle qui appartient au fermier dans les baux à covenant ou à domaine congéable sur les améliorations par lui faites, par exemple, sur les édifices par lui construits. Seulement, comme le bailleur a le droit de réunir ces améliorations à son domaine moyennant un remboursement fait à dire d'experts, lorsqu'il le reprendra, il est évident que l'hypothèque consentie par le fermier sur ces améliorations, sera dans la catégorie de celles de l'art. 2125, c'est-à-dire soumise aux mêmes conditions résolutoires que le droit du propriétaire.

(1) Voir Marcadé, IX, art. 526.

3º Enfin les actions immobilisées par suite de déclara·
tion sur les registres de transfert de la banque de France
(Décret du 16 janvier 1808), et de la compagnie des
canaux d'Orléans et du Loing. (Décret du 16 mars 1810).

VI. *Règle que les meubles n'ont pas de suite par hypothèque.* — L'objet de l'hypothèque, nous dit l'art. 2114,
est un droit sur les immeubles, et nous venons de voir
en expliquant l'art. 2118, quels étaient ces immeubles.
Que signifie après cela la reproduction dans l'art. 2419
de cette maxime de notre ancien Droit que nous avons
déjà examinée : les meubles n'ont pas de suite par hypothèque? Évidemment cela ne peut signifier, comme dans
les pays de Droit écrit, que l'hypothèque des meubles
peut donner un droit de préférence aux créanciers hypothécaires vis-à-vis de ses cocréanciers, mais jamais un
droit de suite à l'encontre des tiers ! Il y aurait une contradiction inexplicable avec les expressions formelles des
art. 2114 et 2118. Cela signifiera donc alors que les
meubles ne sont pas susceptibles d'hypothèque; à quoi
bon l'exprimer alors, puisque cela résulte si clairement
du principe posé que sur les immeubles seuls peut porter
l'hypothèque? C'était une redondance inutile que n'explique ni n'excuse l'antécédent de la loi du 9 messidor an III
(Art. 5), et l'habitude de l'usage. Cependant plusieurs
commentateurs du Code, peu satisfaits de ne pouvoir
trouver dans cette maxime si fameuse qu'une superfluité,
ont voulu l'interpréter en donnant à l'art. 2149 un sens
propre et indépendant des articles qui précèdent. «Il est
» clair, dit M. Duranton, que, sous le Code, la règle :
» les meubles n'ont pas de suite par hypothèque, n'aurait
»aucun sens, appliquée aux meubles ordinaires, puis-
» qu'ils ne peuvent être hypothéqués. Dès-lors il allait de

»soi qu'ils ne puissent être suivis par voie d'hypothèque ;
»il eût donc été inutile de le dire. Elle doit être entendue
» des meubles qui étaient devenus immeubles par destina-
» tion et qui ont été affectés de l'hypothèque avec l'im-
» meuble, mais qui, une fois séparés du fonds, ne peu-
» vent être suivis par voie d'hypothèque, parce que,
» par la séparation, ils ont repris le caractère de meubles
» ordinaires » (1).

Mais rien, ni dans le texte, ni dans la discussion de la
loi, n'autorise une pareille interprétation. L'art. 2119
nous parle d'une manière générale et absolue de tous les
meubles, qu'ils soient tels parce qu'ils ont conservé leur
nature première, ou bien parce que, par suite d'une séparation qui a fait cesser l'immobilisation, ils l'ont re-
couvrée, et à l'égard des uns comme des autres, il est
tout aussi surabondant (2).

VII. *L'hypothèque est-elle une loi de statut réel ou de statut
personnel?*-Une dernière question se présente sur la nature
du droit hypothécaire : ce droit est-il de statut réel ou de
statut personnel ? Précisons d'abord bien le sens de cette
question ; nous en rechercherons ensuite l'utilité.

Toute disposition législative posée par l'autorité hu-
maine est nécessairement personnelle, si on ne considère que les êtres auxquels elle s'adresse et dans l'intérêt desquels elle est portée. Mais si on envisage les

(1) Duranton, tom. XIX, n° 280. — Dalloz, tom. IX, page
122, n° 7. — Delvincourt, tom. III, page 157. — Demante,
tom. III, n° 061. — Besquet sur Pothier (Traité de l'hyp., 36
à la note).

(2) Confér. M. Valette, page 210, — Paul Pont, art. 2119,
n° 416. II, — Troplong, sur l'art. 2119, n° 414 bis.

lois sous le rapport de l'objet qu'elles veulent régler, il
sera vrai de dire qu'elles se diviseront en deux classes
bien distinctes : les unes s'occuperont tout particulièrement des personnes, et auront pour but de régler leur
état et de préciser la capacité plus ou moins grande
qui en est la suite : ce seront les lois personnelles,
celles qui détermineront le statut personnel. Les autres auront principalement en vue les biens, leur
conservation entre les mains où dans la famille de
l'individu, leurs modes d'acquisition et de transmission, etc, etc. Ce seront les lois réelles, celles qui
détermineront l'état des *res* (choses), le statut réel (1).
Quelle sera l'utilité pratique de cette distinction ? Elle
ressort assez clairement de l'article 3 du Code Napoléon, où il est dit : Les immeubles, même ceux possé-
dés par des étrangers, sont régis par la loi française.
Les lois concernant l'état et la capacité des personnes régissent les personnes même résidant en pays
étranger.

Ainsi donc, les lois réelles, de statut réel, s'appliquent indistinctement à toute personne, quelle qu'elle
soit, du moment que les biens qu'elle régit sont situés
sur le territoire français.

Au contraire, les lois personnelles ne régissent que
l'état et la capacité des personnes qui sont françaises.
Pour les citoyens seuls elles sont faites, et elles sont
si bien inhérentes à cette qualité, qu'elles le suivent
partout, même en pays étranger.

Comprendra-t-on maintenant quelle utilité il y a à

(1) Marcadé, tom. 1er, art. 3. IV. V., nos 68 à 78.

examiner si les lois sur l'hypothèque sont de statut rée
ou bien de statut personnel : si elles sont de statut réel,
elles n'envisagent le droit qu'au point de vue de son
objet, l'immeuble, et indépendamment de la qualité
des personnes. Si elles sont de statut personnel,
elles régleront bien encore les biens, mais ce ne sera
que la qualité et la capacité des personnes qu'elles auront principalement en vue. Dans un cas, les étrangers seront soumis à la loi française pour le biens qu
se trouvent situés sur le territoire ; dans l'autre, au
contraire, ils n'y seront soumis qu'autant qu'une disposition expresse leur aura accordé le bénéfice de cette
loi. Ainsi, et c'est en cela surtout que notre question
offre un véritable intérêt, les femmes étrangères au-
ront-elles une hypothèque légale sur les biens de leur
mari situés en France; ou bien la leur refusera-t-on,
parce que la loi hypothécaire sera une loi personnelle ?

A première vue, il ne paraît pas possible de considérer la loi hypothécaire autrement que comme une
loi de statut réel ? Et, en effet, nous avons vu que
c'était là une loi qui avait trait essentiellement à l'établissement et à l'organisation de la propriété foncière
puisqu'elle a pour but de régler un des droits réels
immobiliers, démembrement de cette propriété. Qu'elle
traite de la capacité des personnes, cela n'est pas douteux; mais évidemment ce n'est que pour arriver à
ce but et parce qu'il faut nécessairement, lorsque l'on
a en vue l'acquisition, la transmission ou la conservation de la propriété ou d'un de ses démembrements,
parler des personnes qui pourront ou ne pourront pas
recevoir ou transmettre, acquérir ou aliéner cette même

propriété dans son tout ou seulement dans ses parties.

Mais, en admettant que la loi hypothécaire soit un statut réel, comme tout semble le prouver, il restera encore cette question à décider à propos de l'hypothèque légale des femmes étrangères ; ne serait-ce pas là justement un des droits civils que les articles 11 et 13 du Code Napoléon réservent aux seuls citoyens, à l'exclusion des étrangers (1) ? Nous verrons quelle est la solution de cette difficulté, en parlant, dans notre étude de la *spécialité*, de l'hypothèque légale des femmes.

Ici doit se terminer, il nous semble, ce que nous avions à dire sur la nature du droit d'hypothèque. Après avoir démontré que c'était un véritable droit réel, et comme conséquence en quelque sorte forcée, un démembrement de la propriété, nous nous sommes efforcé, en l'examinant au point de vue de son objet, d'établir encore que c'était un droit purement immobilier ; et ainsi nous sommes arrivé à cette définition parfaitement en rapport avec celle de la loi :

« L'hypothèque est l'affectation par un droit réel, démembrement de la propriété d'un immeuble, à la sûreté d'une créance, affectation que nous verrons soit légale, soit judiciaire, soit conventionnelle, en la considérant au point de vue de sa cause.

(1) Valette, loc. cit., page 269.

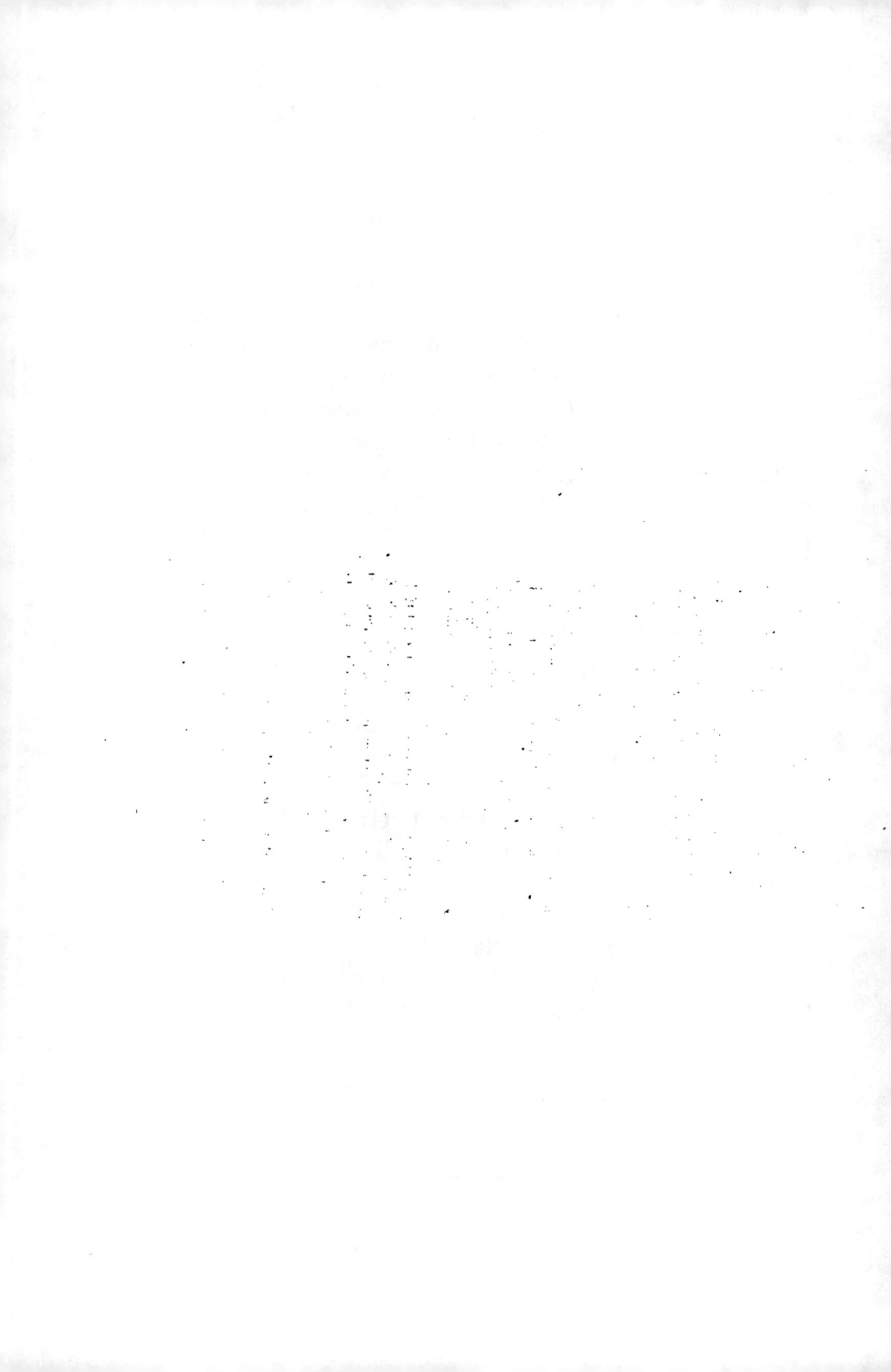

DEUXIÈME PARTIE.

DES CARACTÈRES GÉNÉRAUX DU DROIT D'HYPOTHÈQUE.

Le droit d'hypothèque, dont nous venons de déterminer la nature et d'indiquer l'objet, prend, considéré au point de vue soit de son étendue, soit de la cause qui le fait naître, soit enfin de ses effets vis-à-vis des tiers ou des autres créanciers, des caractères qui lui sont propres et dont l'étude est d'autant plus importante, qu'ils forment en quelque sorte le pivot, la base fondamentale du système hypothécaire. C'est, en effet, à mesure que ces caractères se développent et se précisent, que nous voyons, depuis le Droit romain jusqu'à nous, s'opérer les transformations continuelles de ce système.

CHAPITRE PREMIER.

DE L'INDIVISIBILITÉ.

§ 1er — Droit Romain.

Le but de l'hypothèque étant d'engager à la sûreté d'une créance un bien, ou une partie des biens, ou même tous les biens du débiteur, il est évident, que ce but ne sera réellement atteint qu'autant que la garantie subsistera pleine et entière sur l'objet qui lui est soumis : et en effet, si l'on veut admettre que, dans des circonstances tout-à-fait en dehors de la volonté des parties ou de celle de la loi qui sont les causes créatrices du Droit, l'objet de l'hypothèque puisse être amoindri et démembré de telle sorte qu'une ou plusieurs de ses parties soient dérobées au droit qui l'affecte, la sûreté qui devait en résulter n'existera plus telle qu'elle avait été intentionnellement établie. C'est ce qui, dans la législation romaine, avait fait déclarer en principe que l'hypothèque ou le gage une fois constitué, était du nombre des droits juridiquement indivisibles (1).

Cela ne voulait certainement pas dire que forcément et par sa nature même, le droit d'hypothèque fût, comme par exemple le droit de servitude, absolument indivisible. Il est en effet parfaitement facile de concevoir

(1) Pellat sur Schilling, § 204.

qu'en fait, ce droit pût être divisé avec la chose sur laquelle il a été établi et pût subsister sur chaque fraction de cette chose proportionnellement à cette fraction : pour moitié, par exemple, s'il y a eu division de la chose en deux parts, pour un tiers si cela a été en trois parts, etc.

Seulement en droit et en ne considérant que le but du gage ou de l'hypothèque, il fallait décider qu'elle était essentiellement indivisible. Elle s'attachait donc toute entière non pas seulement à l'objet dans sa totalité, mais encore à chaque partie de cet objet. Ainsi, lorsque l'hypothèque était constituée sur une chose individuellement déterminée, tout ce qui faisait partie de cette chose, tant comme inhérent à sa substance que comme accessoire et dépendance obligée, devait être, par la force de l'indivisibilité, affecté par le droit en entier. Est-ce un ensemble de choses formant un tout intellectuel, par exemple un troupeau, ou bien est-ce une quote-part déterminée des biens du débiteur qui a été hypothéquée, le droit portera sur toutes les choses contenues dans cet ensemble, sur tous les biens de cette quote-part, et il subsistera en entier sur chacune d'elles, lors bien même que, par suite d'une aliénation, elle viendrait à être détachée de l'*universitas facti*. Toutefois ici le Droit romain admettait une exception. Lorsqu'un fonds de commerce, une boutique, a été hypothéqué, quoique l'hypothèque dût porter sur chacune des marchandises contenues dans la boutique au moment de sa constitution, on admettait cependant que le droit du créancier devait être limité aux seules marchandises qui se trouveront au moment où il fera valoir son droit ;

(1) mais, c'est là une exception nécessaire pour la liberté et la sûreté du commerce, qui ne détruit en rien toute la portée de notre principe.

Enfin si l'hypothèque affecte d'une manière générale tout le patrimoine du débiteur, c'est-à-dire tant ses biens présents, que ses biens à venir, elle produit son effet, non-seulement sur la masse totale de ses biens, mais encore sur chacun d'eux en particulier ; en sorte que, si une chose a été aliénée par le débiteur, le droit la suit et conserve sur elle son effet entier (2).

C'est, au surplus, en lui-même et indépendamment de la créance à laquelle il a été attaché que le droit d'hypothèque prend ce caractère d'indivisibilité. Peu importe donc que la créance soit elle-même divisée et que par suite de cette division, une partie en ait été éteinte : l'hypothèque qui la garantit subsistera entière et dans toute son étendue, sur la chose obligée et sur chaque partie de cette chose, tant que le créancier n'aura pas été satisfait complètement (3). De là il résulte que si, de plusieurs héritiers du débiteur l'un a payé la dette seulement pour sa part, cela ne pourra faire obstacle à ce que la chose engagée ne soit vendue en entier par le créancier hypothécaire (4), et l'héritier qui aura payé partiellement ne pourra ni refuser au créancier la restitution de la chose engagée qui sera en sa possession, ni lui re-

(1) L. 34. Dig. de pign. et hyp. (XX, 1).

(2) L. 18. § 1, L. 54. § 2. D. de pign. et hyp. (XX, 1).

(3) L. 9. §. 3. D. de pign. act. (XIII, 7). — L. 2. C. Débit. Vend. pign. (VIII, 29). — L. 6. C. de distr. pign. (VIII, 28).

(4) L. 8, § 2. Dig. de pign. act. (XIII, 7).

demander sa part de cette chose lorsque le créancier en sera lui-même en possession (1).

§ 2. — Ancien Droit Français.

Le principe de l'indivisibilité de l'hypothèque se retrouve encore dans notre ancien Droit, consacré par cette maxime si connue de Dumoulin : *est tota in toto et tota in qualibet parte*, que tous nos jurisconsultes ont reproduit après lui.

Dumoulin et Pothier, (2) qui ont traité spécialement cette difficile matière de l'indivisibilité, en distinguaient trois espèces : 1o *l'individuum contractu* ou *naturâ*, qui a lieu quand l'objet du droit n'est susceptible d'aucune division, ni matérielle, ni intellectuelle. C'est dans cette espèce qu'il faut ranger, par exemple, l'indivisibilité d'un droit de servitude ; 2o *l'individuum obligatione*, quand cet objet, quoique susceptible d'être divisé en fait, se trouve être juridiquement indivisible par suite du point de vue auquel se sont placées les parties qui ont fait naître le droit ; 3o enfin en troisième lieu, vient l'indivisibilité *solutione tantum*, qui se produit seulement *partim debitoris*, quand l'objet ne peut être payé partiellement par les débiteurs, quoiqu'il reste parfaitement divisible entre les créanciers s'il y en a plusieurs. C'est évidemment dans la seconde espèce que nous

(1) L. 2. Si unus ex plur. her. (VIII, 52). — L. 1, C. de licit. pign. (VIII, 31).
(2) Dumoulin : Extricatio labyrinthi dividui et individui. Part. 2, no 91.—Pothier, Traité des Obligations, Voy. sur le titre XX de la Cout. d'Orléans, n. 28.

devons faire rentrer l'indivisibilité de l'hypothèque. Dumoulin dit expressément (1) à ce sujet pour repousser
l'opinion de ceux qui prétendaient voir dans cette indivisibilité un *individuum naturâ* : « *Nos autem dicimus*
» *hypothecam merè quidem dividuam esse, tam ex parte cre-*
» *ditoris quàm debitoris, ut dictum est, sed non dividi. Quia*
» *licèt lex duodecim Tabularum ipso jure tàm activè quàm*
» *passivè dividat nomina, seu debitum sortis principalis,*
» *tamen ut non dividit conditiones, ità non dividit pignus,*
» *vel hypothecam seu ejus luitionem. Et sic de se remanet*
» *indivisum tam activè quam passivè.* » C'est donc parce
que l'extinction de l'hypothèque est toujours dans l'intention de ceux qui l'établissent, subordonnée à la condition tacite du paiement de la dette entière, et qu'en
droit, les conditions sont indivisibles en dehors de la
volonté des parties, que l'hypothèque est par elle même,
de se, indivisible et qu'elle subsiste dans toute sa plénitude, tant que la créance à laquelle elle est attachée n'a
pas été complétement éteinte.

§ 3. — *Code Napoléon.*

L'article 2114, que nous avons déjà vu si explicite
sur la nature du droit hypothécaire, consacre aussi
le principe de son indivisibilité : *L'hypothèque, dit-il,*
est, de sa nature, indivisible, et subsiste en entier sur
tous les immeubles affectés, sur chacun et sur chaque por-
tion de ces immeubles.

Seulement, que signifient ces mots : *par sa nature P*

(1) Loc. cit., part. 5, nos 27, 28.

Est-ce à dire que le législateur du Code se soit mé-
pris au point de considérer comme une indivisibilité naturelle, un *individuum naturâ*, ce caractère du droit
d'hypothèque; ou bien a-t-il voulu exprimer par là,
comme le prétendent quelques auteurs, que ce caractère n'est pas de l'essence, mais seulement de la
nature de notre droit; en sorte que si on l'y trouve ordi-
nairement attaché, cela ne fait pas que les parties intéressées ne puissent, par des clauses spéciales, restreindre ses effets ou même les empêcher de se produire ?
Ainsi, par exemple, en convenant que si l'immeuble
hypothéqué vient à être partagé entre les héritiers du
propriétaire, chacun de ces héritiers ne sera tenu hypothécairement que dans la limite de sa dette personnelle (1)? Cette interprétation des termes de notre article
est loin, selon nous, d'être exacte, et nulle part la
loi ne nous paraît autoriser cette assertion : qu'il est
au pouvoir des parties d'enlever ainsi à l'hypothèque
son caractère juridique d'indivisibilité. Au contraire,
dans tous les cas qui présentent des applications de la
règle de l'indivisibilité de l'hypothèque, toutes les fois
qu'il s'agit de la division de la créance ou de la dette,
par suite d'une succession, de celle du fonds hypothéqué, soit encore par succession, par vente ou autrement,
nous trouvons toujours dans la loi cette idée bien formellement exprimée, que, dans l'hypothèque, l'immeuble
étant obligé par lui-même et indépendamment de l'o-
bligation de la personne, le droit s'attachera à tout
ou à chaque partie de cet immeuble, le suivra chez

(1) Valette, Traité des hypothèques, § 128, p. 183. — Paul
Pont : Comment. de l'art. 2114, nos 551, 552

tous les détenteurs , et cela de telle sorte que pas une
fraction , si minime qu'elle soit , ne pourra être dis-
traite sans que l'hypothèque suive cette fraction , et y
demeure attachée pour le tout. C'est sur cette idée que
repose tout le système, dans le partage des dettes , de
la part contributoire ou obligatoire dont peut être tenu
chacun des héritiers du débiteur, selon qu'il se trouve
ou non en possession de tout ou partie de l'immeuble
soumis à l'hypothèque(1). Nous pensons donc que l'indivisibilité est un caractère essentiel du droit d'hypothèque,
et que le législateur ne s'est pas bien rendu compte, dans
l'art. 2114, de la portée de ces termes : *indivisible par sa
nature.* Aussi considérons-nous comme tout-à-fait inexacte
cette observation de certains auteurs (2), qui, de ce que l'hypothèque peut être, quant à son étendue, restreinte par
les parties, soit à un immeuble quand elle en aurait pu
atteindre plusieurs, soit à une portion déterminée de tel
immeuble quand elle en aurait pu grever la totalité, ont
voulu prétendre que ces conventions présentaient autant
d'exceptions ou de dérogations au principe de l'indivisibilité. En quoi, nous le demandons , ceci touchera-t-il
à ce principe? qu'un débiteur qui a la pleine propriété
de son immeuble, stipule que l'hypothèque par lui consentie à son créancier ne portera que sur l'usufruit seulement de cet immeuble, cette convention empêchera-
t-elle que l'hypothèque telle qu'elle est limitée, n'en
soit pas moins pour cela indivisible et ne subsiste entière
et indivise sur tout et sur chaque partie de cet usufruit?

(1) V. Art. 875, 1009, 1012, 1489 et suiv. Cod. Nap.
(2) M. Troplong, Traité des hyp. , n° 591. — Mourlon, répert.
écrit. tom. III , p. 483, 484.

Aussi M. Paul Pont, qui semble d'abord prétendre qu'il y a là une dérogation à la règle de l'indivisibilité, ne tarde-t-il pas à reconnaître l'inexactitude qu'il y aurait à le soutenir (1).

Ce n'est que lorsqu'il y aura pour une même créance hypothécaire plusieurs créanciers ou plusieurs débiteurs, que le caractère d'indivisibilité de l'hypothèque sera utile à apprécier ; et le cas le plus fréquent qui se présentera de cette multiplicité, sera dans les successions soit du créancier, soit du débiteur, soit de l'un et de l'autre.

Dans la première situation, supposons qu'un créancier hypothécaire meure, laissant trois héritiers. La créance se divisera alors en trois parties et chacun des héritiers aura droit au paiement de sa part héréditaire. Mais comme la division de la créance n'empêche nullement l'hypothèque de subsister dans son intégralité, il s'ensuivra que chaque héritier pourra, pour arriver au paiement de sa part héréditaire, agir hypothécairement sur tout l'immeuble qui est là pour garantir le paiement total de la créance. Au contraire c'est le débiteur qui meurt laissant à ses trois héritiers un immeuble hypothéqué : chacun aura un tiers de cet immeuble : mais comme l'hypothèque subsiste pour le tout sur chaque partie de son objet, il est évident qu'alors chacun des héritiers du débiteur, quoique tenu au point de vue de la dette, seulement pour sa part et portion héréditaire, pourra être poursuivi au point de vue de l'hypothèque pour le tout et obligé alors au paiement intégral de la créance sur sa portion de l'immeuble hypothéqué. Seulement il

(1) Paul Pont, loc. cit., n° 552, premier et deuxième alinéa. p. 521.

aura, bien entendu, son recours contre chacun de
ses cohéritiers pour se faire rembourser de ce qu'il aura
payé en dehors de sa part héréditaire : c'est ce qu'ex-
prime la loi lorsqu'elle dit qu'un héritier, un légataire
universel, ou à titre universel, ou même à titre particulier, peut être tenu de la dette du défunt personnelle-
ment pour sa part et portion héréditaire, et hypothécairement pour le tout. C'est encore ce que signifie
cette distinction doctrinale de la part contributoire et
part obligatoire.

Enfin, dans une troisième situation, le créancier et le
débiteur sont morts tous les deux, laissant chacun trois
héritiers. Entre ceux du créancier, la créance se divisera en trois parts, de même qu'entre ceux du débiteur
l'immeuble hypothéqué se partagera en trois portions
égales. Si chacun des créanciers s'adresse personnelle-
ment à chacun des débiteurs, point de difficulté : c'est
sur la part et portion de chacun qu'ils se feront payer de
leur part de la créance. Mais les héritiers du créancier
peuvent se réunir et actionner pour le tout un seul des
héritiers du débiteur : comme il est détenteur de partie
de l'immeuble hypothéqué, il sera, par suite du principe de l'indivisibilité de l'hypothèque, tenu de payer à
chacun des cocréanciers sa part de créance, jusqu'à extinction complète de cette créance, sauf toujours son
recours contre ses cohéritiers.

Ce sont là des conséquences qui ressortent inévitablement du principe particulier de l'indivisibilité de l'hypothèque, combiné avec les principes généraux de l'indivisibilité en matière d'obligation (1).

_____

(1) Art. 1222 et suiv. du Cod. Napoléon.

CHAPITRE DEUXIÈME.

DE LA SPÉCIALITÉ ET DE LA GÉNÉRALITÉ.

§ 1er — *Droit Romain.*

Etudiées au point de vue de la cause qui les fait naî-tre, les hypothèques étaient, dans la législation ro-maine, volontaires ou nécessaires, suivant qu'elles pro-venaient soit d'un acte volontaire des parties, conven-tion ou testament, soit de la volonté de la loi, ordon-nance du magistrat, ou disposition légale.

Au point de vue de leur étendue, elles étaient spécia-les ou générales, selon qu'elles s'appliquaient soit à des choses spéciales, individuellement déterminées, ou à un tout intellectuel comprenant des choses d'un genre déterminé, soit à l'ensemble des biens, à tout le patri-moine du débiteur, c'est-à-dire tant à ses biens présents qu'à ses biens à venir.

Hypothèques volontaires. — Elles se fondaient ou sur une convention ou sur une disposition de dernière vo-lonté. Les hypothèques testamentaires que des rescrits de Septime Sévère et d'Antonin Caracalla (1) avaient re-connu comme possibles et valables, pouvaient être éta-blies soit pour la sûreté des légataires, soit pour celle des créanciers du testateur. Quant aux hypothèques con-

_____

(1) L. 26, pr. D. de pign. art. (XIII, 7). — Ulpien.

ventionnelles , elles résultaient , nous le savons , d'une *nuda conventione* , d'un simple pacte , *pactum conventum* , contrairement au gage, qui ne pouvait s'établir que par un contrat, *Contractus pigneralitius*. Etablies pour la garantie de toute espèce d'obligation , *pro quacumque obligatione* , ces hypothèques pouvaient être constituées par quiconque avait la libre disposition de l'objet que l'on voulait engager (1). Ce n'était donc pas seulement le propriétaire lui-même de cet objet , mais encore le détenteur emphytéote ou superficiaire pour la durée de son droit , l'usufruitier , le créancier gagiste , le fils de famille et l'esclave relativement au pécule dont ils avaient l'administration (2). Et cela se comprend, puisque ni le gage , ni l'hypothèque n'avaient, dans le dernier état du droit, pour effet la transmission de la propriété de la chose engagée du débiteur au créancier , mais seulement et quant au gage, celle de la possession : tout possesseur de l'objet pouvait donc l'engager , à moins que son droit de disposition , sous ce rapport , ne lui fût enlevé ou limité par quelque motif particulier (3).

L'hypothèque conventionnelle pouvait être , en Droit Romain, aussi bien générale que spéciale. Les parties étaient libres de convenir que la sûreté affecterait soit une chose particulière , individuellement déterminée , dans quel cas elle s'étendait aussi , naturellement , aux fruits, accessoires et dépendances de cette chose , soit un ensemble de choses d'un genre déterminé (4) , une

(1) L. 8. Cod. si aliena. res. pign. dat. sit. — (VIII , 16).
(2) L. 1. § 1. D. quæ res pign. oblig. non. post. (XX , 5).
(3) L. 1. pr. D. h. t.... (XX, 5).
(4) L. 13 pr. L. 52 , 34. D. de pign. et hyp. (XX , 1).

quote-part déterminée des biens du débiteur ; soit enfin généralement tout le patrimoine du débiteur (1), ce qui comprenait tant ses biens présents que ses biens à venir. On exceptait cependant de cette hypothèque générale les choses qu'il n'était pas vraisemblable que le débiteur eût hypothéqué spécialement ; par exemple, les choses indispensables pour ses besoins journaliers, ou celles pour lesquelles il pouvait avoir une affection particulière (2).

Il pouvait même se faire que, par suite des conventions, un créancier eût à la fois, pour la même créance, une hypothèque spéciale et une hypothèque générale : cette dernière servait alors à subvenir à l'insuffisance de la première, dans le cas où, par son exercice, le créancier n'avait pas été entièrement satisfait.

Hypothèques nécessaires. — Elles ont, nous l'avons dit, deux sources différentes et particulières : elles dérivent soit de l'ordonnance du magistrat, soit d'une disposition expresse de la loi.

En principe, nous pourrions dire, d'une manière générale, que l'hypothèque, comme tout droit sanctionné par le législateur, n'a qu'une seule cause, qu'une source unique : la loi. Ce n'est, en effet, que lorsque l'on est en position d'en réclamer le bénéfice, après avoir rempli les conditions auxquelles est subordonnée l'acquisition d'un droit, que la loi permet de se prévaloir de ce droit. De plus, par sa nature de droit exceptionnel, d'institution exorbitante de droit commun, qui par conséquent ne peut exister et se pro-

(1) L. 15. § 1. L. 54. § 2. D. cod.
(2) L. 6. L. 9. pr. — D. h. t. (XX, 1). — L. 1. C. (VIII, 17).

duire valablement que dans les cas prévus et déterminés par le législateur, l'hypothèque, plus que tout autre, doit avoir dans les dispositions législatives sa source principale et générale.

Mais c'est à un point de vue plus particulier que nous avons à examiner les causes immédiates de ce droit, celles d'où il découle directement.

Nous avons déjà trouvé la convention, et dans certains cas particuliers le testament ; nous rencontrons maintenant la loi et l'ordonnance des magistrats. Ces causes correspondent à celles que nous retrouverons dans notre législation actuelle, dans la division des hypothèques en hypothèques conventionnelles, légales ou judiciaires.

Le *prætorium pignus*, le gage reposant sur un ordre du magistrat, s'établissait de deux manières : 1º par la *missio in bonorum possessionem* (1) : il commençait alors au moment de la prise effective de possession et donnait au créancier une action réelle pour recouvrer la possession qu'il aurait perdue, outre les interdits possessoires.

2º Par le *pignoris capio*, qui consistait dans la saisie de certaines choses sur l'ordre du magistrat. C'était là plutôt un moyen d'exécution contre un débiteur qui n'avait pas payé dans le délai qui lui était accordé, qu'un véritable droit de gage attaché à la sûreté d'une créance. Toutefois, le droit qui en résultait s'appelait : *pignus in causa judicati captum* (2).

(1) L. 26. pr. § 1. D. de pign. act. (XIII, 7).
(2) L. 10. D. qui pot. in pign. (XX, 4).

— 93 —

Le droit de gage établi sur l'ordre du magistrat par l'une ou l'autre de ces deux manières, pouvait être spécial ou général. Dans la *missio in possessionem*, il portait, le plus souvent, sur tout le patrimoine du débiteur. Au surplus, l'étendue de ce gage judiciaire était plus grande que celle des autres espèces, puisqu'il pouvait même porter sur des choses qui, en règle commune, ne peuvent pas être volontairement engagées (1).

Hypothèques légales. — Jusqu'ici, nous avons vu le droit de gage ou d'hypothèque découler d'une manifestation extérieure, expresse, qu'elle vînt d'un acte volontaire des parties ou d'un ordre formel du magistrat. Pour les hypothèques légales, plus n'est besoin de cette manifestation. Du moment que les faits ou rapports qui établissent certains liens d'obligation entre certaines personnes, existent immédiatement et de droit, l'hypothèque est constituée. Aussi voyons-nous les jurisconsultes romains nommer cette espèce de gage ou d'hypothèque : *tacitum pignus*, *tacita hypotheca*.

La loi supplée elle-même au silence des parties par une présomption, *juris et de jure*, qui considère la garantie comme fondée sur un accord tacite des parties : *Tali enim justa præsumptione...*, dit la loi 7, au Code (VIII, 15). Les hypothèques légales tacites sont spéciales ou générales, suivant qu'elles ont pour objet des choses déterminées ou des parties déterminées des biens du débiteur, ou qu'elles s'étendent à tous les biens. Le caractère de la spécialité semblait d'abord

(1) Pellat sur Schilling. § 211, p. 47.

s'attacher plus particulièrement aux hypothèques tacites : ainsi, parmi elles, l'hypothèque du locateur soit d'un fonds rural (*prædium rusticum*), soit d'un *urbanum prædium*, sur les fruits de l'immeuble perçus par le fermier, ou sur les choses apportées par le locataire dans la maison louée (1); celle du prêteur de deniers pour la reconstruction d'une maison, sur cette maison et le sol qui la supporte (2); enfin, et d'après des Constitutions de Justinien, les hypothèques légales de la femme pour la restitution de sa dot conservée par le mari, ou des choses achetées avec l'argent dotal (3), et des légataires pour la remise de leurs legs, sur les biens que celui qui en était chargé a reçus du testateur (4), ne portent toutes que sur des objets individuellement déterminés ou sur une partie des biens spécialement limitée.

Les seules hypothèques tacites générales que l'on connût dans le Droit antérieur à Justinien, sont : celles du fisc sur tous les biens des contribuables, non-seulement pour les contributions publiques, mais encore pour les créances contractuelles du débiteur, et celle des pupilles et mineurs sur tous les biens de leurs tuteurs et curateurs, pour les obligations résultant de la tutelle et de la curatelle. La première remonte au

(1) L. 7. pr. et § 1. D. in Guib. cauv. pign. tarit. contr. (XX, 2).

(2) L. 1. Dig. eod. tit. (XX, 2).

(3) L. 30. C. de Jure dot. (V, 12). — L. 54. Dig. de Jure dot. (XXIII, 3).

(4) L. 1. C. commun. de legat. (VI, 43); nov. 108 c. 2.

moins à Antonin Caracalla (1), si ce n'est plus tôt. La première trace certaine de la seconde se trouve dans une Constitution de Constantin (2).

Mais Justinien étendit ces cas assez restreints de généralité dans les hypothèques légales. Outre celles qu'il crée expressément en faveur des églises et établissements de charité sur les biens du possesseur emphytéotique, pour l'obliger de rétablir dans son premier état le fonds à lui concédé et qu'il avait détérioré (3), en faveur du mari, pour la réclamation de la dot à lui promise sur les biens de celui qui s'y est engagé (4); enfin, en faveur des enfants, sur les biens de leur père, pour sûreté de l'administration de la fortune qui leur provient de leur mère ou de leurs ascendants maternels (5), il étendit l'hypothèque légale de la femme; d'abord attachée seulement aux choses dotales que le mari avait conservées, pour la restitution de ces choses, Justinien voulut qu'elle affectât tous les biens du mari et qu'elle garantît, non-seulement la restitution de la dot, mais encore toutes les autres créances de la femme, qu'elles résultassent de l'emploi fait par le mari des biens paraphernaux (6), ou de donations *propter nuptias* par lui consenties. Et cette hypothèque,

---

(1) L 1. C. in Guib. Caus... (VIII, 15).
(2) L. 20. C. de adm. tut. (V, 37).
(3) Nov. 7. C. 3. § 2.
(4) L. un. § 1. C. de rei uxor. act. (V. 15).
(5) L. 8. § 5. C. de secund. nupt. (V. 9).
(6) Nov. 109. C. 1 et 2. — L. un. § 1 et 15. de rei uxor. act. (V 15). — L. 30. L. 29. C. de Jure Dot. (V, 12). — L. 11. C. de pact. Conv. (V, 14).

sans qu'il s'agit du recouvrement de la dot , donne
à la femme préférence sur tous les autres créanciers
hypothécaires du mari , même sur ceux qui sont antérieurs au mariage : c'est là la disposition de cette loi célèbre dite *Loi Assiduis* qui a été si universellement
et si justement critiquée dans son exagération (1). C'est
ainsi qu'en Droit romain , les sûretés accordées à la
femme , restreintes , à l'origine , à un simple privilége , qui permet à la femme de passer avant les créanciers chirographaires, mais la laisse primer par les créanciers hypothécaires , se transforment et finissent par
prendre , dans l'hypothèque que nous venons d'examiner, des proportions plus qu'exagérées.

Remarquons , enfin , en terminant ceci, que nous
trouvons dans ces hypothèques tacites du Droit romain,
l'origine de nos priviléges et de nos hypothèques légales les plus importants : ainsi le privilége du locateur , les hypothèques légales de la femme , des mineurs et interdits , des légataires. Nous n'y rencontrons pas le privilége du vendeur , si important dans
notre législation du Code : c'est qu'à Rome , où la propriété ne se transmettait que par la tradition réelle de
la chose , en échange du prix convenu , il eût été inutile de garantir d'une manière spéciale les droits du
vendeur sur ce prix.

§ 2 — *Ancien Droit français.*

Les principes généraux du Droit romain en matière

(1) L. 12. C. qui pat. in pign. (VIII, 18). — Inst. de act.
§ 29. (IV, 6.) — Nov. 97. C. 2.

d'hypothèque, avaient passé, nous l'avons déjà dit, dans notre ancienne législation et la régissaient à l'origine : mais, peu à peu, les modifications commandées par l'influence et le développement des principes nouveaux, vinrent changer la portée des règles romaines : les hypothèques conventionnelles ne purent s'établir qu'autant que la convention se trouvait insérée dans un acte notarié ; on alla même plus loin, et tout acte notarié, lors bien même qu'il n'y serait pas contenu de clause expresse d'hypothèque, emporportait de plein droit l'obligation des biens du débiteur, la clause étant toujours sous-entendue (1) : c'est là la règle particulière et principale de notre ancien Droit.

L'hypothèque résultant d'un acte notarié n'était spéciale qu'autant qu'il y avait eu dans l'acte une clause qui la limitait à certains biens ; autrement elle affecrait tous les biens du débiteur tant présents qu'à venir. « En France, dit Loyseau, on a bien passé plus outre
» qu'à Rome, où avant Justinien il fallait clause ex-
» presse pour obliger les biens à venir par convention ;
» car parce qu'en tous les contrats, par un style ordi-
» naire des notaires, on s'est accoutumé d'insérer la
» clause d'obligation de tous les biens tant présents qu'à
» venir : on a enfin tenu pour règle que tous les contrats
» portaient hypothèque sur tous les biens, comme cette
» clause étant sous-entendue, si elle avait été omise. »(2).

De cette règle que dans les conventions, l'intervention d'un notaire, imprimant à l'acte le caractère d'authenticité,

(1) Potier. Traité des hyp. n° 10. — Loyseau. Du deguerp. Liv. 3. ch. Ier, nos 14, 15 et suiv.
(2) Loyseau, loc. sic.

suffisait à produire l'hypothèque, il ne fut pas difficile, d'induire par un *à fortiori* tout naturel, que la même effi-cacité devait être accordée à l'intervention du juge dans les actes judiciaires. C'est ce que proclame l'ordonnance de Moulins en 1566, en posant que dès-lors et à l'instant de la condamnation donnée en dernier ressort, et du jour de la prononciation, il serait acquis à la partie droit d'hypothèque sur les biens du condamné pour l'effet et exécution du jugement et arrêt par lui obtenus. Cette hypothèque, dans laquelle nous retrouvons l'origine bien précise de notre hypothèque judiciaire, fut main-tenue avec son caractère de généralité, dans notre Droit intermédiaire, par l'art. 3 de la loi du 9 messidor an XII. L'art. 3 de la loi du 11 brumaire an VII, la reconnut aussi, mais en la ramenant aux conditions de la spécialité.

Le principe des hypothèques légales, résultant tacite-ment d'une présomption de la loi, est aussi passé du Droit Romain dans notre ancienne législation. C'est ce que Pothier nous indique quand il dit : « La loi seule, » en certains cas, donne une hypothèque au créancier » sur les biens du débiteur, quoique l'obligation du dé-» biteur ne soit portée par aucun acte devant notaire, » ni qu'il soit intervenu aucun jugement de condamna-» tion contre lui. Cette hypothèque est appelée tacite, » parce que la loi seule la produit sans aucun titre» (1).

Les cas dans lesquels l'hypothèque légale tacite pouvait ainsi se constituer, ne sont pas nombreux dans le Droit coutumier et cela à raison même du principe général qui faisait résulter l'hypothèque de tout acte notarié ou ju-

(1) Pothier. Traité des hyp.. — V. aussi cout. d'Orléans. Intr. au tit. XI, n° 18.

diciaire. Il y avait même des provinces dans lesquelles la règle générale fut de n'admettre aucune hypothèque tacite (1).

Toutefois on retrouve, dans le droit commun, l'hypothèque légale des mineurs et interdits qui prenait naissance dès l'entrée des fonctions du tuteur ou curateur et grevait généralement tous ses biens ; et celle des femmes mariées sur les biens de leur mari , pour la restitution de leur dot.

Quoique notre ancienne législation se fût inspirée pour cette dernière disposition du Droit Romain , elle avait cependant rejeté tout ce que ces dispositions , depuis Justinien et la célèbre loi de *assiduis* , offraient d'exagéré. Ainsi , l'hypothèque de la femme est toujours une hypothèque générale , donnant un droit de préférence sur les autres créanciers hypothécaires postérieurs du mari ; mais elle ne s'établit plus que sous la réserve des droits acquis aux créanciers antérieurs.

De plus , lorsque , avant la célébration du mariage , est survenu un contrat , c'est-à-dire un acte pardevant notaire , constatant les conditions civiles du mariage , c'était en vertu de cet acte et non plus par une disposition de la loi , que la femme acquérait son hypothèque vis-à-vis de son mari. On n'avait donc plus alors à lui appliquer les principes spéciaux de l'hypothèque tacite ; c'étaient les règles générales des hypothèques résultant d'actes notariés qui la régissaient : ceci ressort implicitement , mais fort clairement de ce même passage de Pothier , où il ajoute que parmi les hypothèques tacites est

(1) Provinces de nantissement. — (Merlin. — *Répert. Nantissement.* § 2, art. 4 et 5).

celle que la loi donne à la femme, sur les biens de son mari, du jour de la célébration de son mariage, pour la restitution de sa dot, *lorsqu'il n'y a point de contrat.*

Cette distinction offrait une grande importance, non pas quant aux résultats qui étaient les mêmes, puisque dans l'un et l'autre cas l'hypothèque de la femme était générale, mais quant à la fixation du rang dans lequel la femme devait venir, c'est-à-dire quant à son droit de préférence. Et, en effet, s'il y avait contrat de mariage notarié, l'hypothèque prenait rang à la date du contrat ; au contraire, si l'hypothèque était tacite, elle n'avait de rang que du jour de la célébration du mariage.

Dans le Droit intermédiaire, l'hypothèque légale de la femme mariée subsista, malgré l'article de la loi du 9 messidor an III, qui prononçait la suppression de toutes les hypothèques tacites : « nulle obligation ou titre de créance, » disait cet article, ne peut conférer hypothèque s'il n'est » fait par acte public de la juridiction volontaire ou con-» tentieuse, ou si, étant par écrit privé, il n'a été reconnu » par acte ou jugement public : en conséquence, il n'y a » plus d'hypothèque tacite. » Mais l'application de cette disposition législative fut de courte durée ; on peut même dire qu'elle n'eut pas lieu en réalité. La loi du 11 brumaire an VII ramena les anciennes traditions en rétablissant les hypothèques pour les créances auxquelles la loi donne le droit hypothécaire et en accordant particulièrement à la femme une hypothèque générale sur tous les immeubles qui appartenaient au mari lors du mariage, et même sur ceux qu'il acquerrait par la suite. (Art. 3 et 4).

Quant à l'hypothèque légale et générale des mineurs

et interdits sur les biens de leurs tuteurs et curateurs, elle était universellement reconnue et admise par notre ancien Droit. On la voyait même avec une telle faveur que même dans les pays de nantissement, où la publicité était de droit commun, et où, par conséquent, on repoussait généralement les hypothèques tacites, on disait : *Droit réel est acquis au mineur sans qu'il soit besoin de nantissement.* Cette hypothèque portait sur tous les biens et elle se conservait même sur ces biens lorsqu'ils avaient été confisqués pour crime.

La loi du 11 brumaire consacra, elle aussi, d'une manière positive cette hypothèque légale et générale des mineurs et interdits.

§ 3. — *Code Napoléon.*

Sous l'empire du Code, la division des hypothèques, au point de vue de leur cause en *conventionnelles, légales* et *judiciaires,* se trouve formellement consacrée dans le chap. III de notre titre des Priviléges et Hypothèques. (Art. 2116, 2117).

Hypothèques conventionnelles. — Les hypothèques conventionnelles sont celles qui dépendent des conventions et de la forme extérieure des actes et contrats. Comme dans notre ancienne législation ces hypothèques, pour être efficaces et valables, doivent donc se constituer dans un acte authentique : c'est ce qui a fait ranger le contrat d'hypothèque au nombre de ceux que l'on a appelés *contrats solennels.* Mais remarquons que, d'après la définition de l'art. 2117, la seule authenticité des actes n'emporte plus de plein droit l'hypothèque. Il faut qu'à cette

authenticité vienne se joindre une convention expresse
entre le créancier et le débiteur. C'est, comme on le voit,
la réunion des deux systèmes opposés du Droit Romain
et de l'ancien Droit Français : dans l'un, en effet, l'hypothèque se constituait par une simple convention, un
pacte. Dans l'autre, au contraire, l'acte notarié était formellement exigé.

Hypothèques judiciaires. — L'hypothèque judiciaire
est celle qui résulte des jugements ou actes judiciaires :
c'est là une définition qui ne nous semble pas exacte : ce
n'est pas du jugement ou de l'acte judiciaire que résulte
directement et immédiatement l'hypothèque, c'est de la
volonté de la loi qui l'attache comme effet à ces jugements, dans le but d'astreindre plus efficacement le débiteur, déjà poursuivi, à l'exécution de ses engagements :
et en effet l'office du juge, comme on l'a très bien re-
marqué, ne consiste pas ici à créer un droit nouveau,
mais bien à constater l'existence et la validité d'un droit
originaire : seulement par la volonté de la loi, le droit
ainsi reconnu doit devenir désormais plus étroitement
obligatoire, et à cet effet on y attache une sanction, une sûreté qu'il n'avait pas auparavant. On
pourrait donc, avec une certaine raison, dire que par
sa cause, qui est la volonté plus ou moins directe de la
loi, indépendamment de toute manifestation de la part
soit de celui auquel est accordée l'hypothèque, soit de
celui dont elle grève les immeubles, l'hypothèque judiciaire doit rentrer dans la catégorie des hypothèques légales. C'est au reste ce que le législateur lui-même a
semblé entendre, lorsque, sans autre motif réel que cette
analogie, il assimile, comme nous allons le voir, cette
hypothèque aux hypothèques légales proprement dites,

au point de vue de ses effets et de son étendue. Toutefois il existe un cas, mais un seul, dans lequel une hypothèque est constituée directement par un jugement : c'est dans celui prévu par l'art. 34 de la loi du 30 juin 1838 sur les aliénés, lorsqu'un administrateur provisoire étant nommé par jugement, ce même jugement, sur la demande des parties intéressées ou du procureur impérial, établit sur les biens de cette administration une hypothèque générale ou spéciale jusqu'à concurrence d'une somme qu'il détermine.

Hypothèques legales. — L'hypothèque légale est celle que, de plein droit, la loi fait résulter de certains rapports d'obligations établis entre certaines personnes. L'art. 2121 nous énumère les droits et créances auxquels est attribuée cette hypothèque ; ce sont : ceux des femmes mariées sur les biens de leur mari ; ceux des mineurs ou interdits sur les biens de leur tuteur ; enfin ceux de l'État, des communes et des établissements publics, sur les biens des receveurs et administrateurs publics. Mais à cette énumération plutôt énonciative que limitative, il faut ajouter encore certaines créances que, dans diverses autres parties du Code, nous voyons garanties par une hypothèque qu'établit la loi ; ainsi la créance des légataires vis-à-vis des héritiers ou autres débiteurs du legs qui détiennent les immeubles de la succession (art. 1017. C. N.). Celle des créanciers privilégiés dont le privilége dégénère en hypothèque dans le cas prévu par l'art. 2113. Celle enfin de la masse d'une faillite au nom de laquelle les syndics doivent prendre inscription hypothécaire sur les immeubles appartenant au failli et dont ils connaissent l'existence (1). Toutefois notons ici

(1) Art. 490. Cod. de Commerce.

que les hypothèques qui s'attachent à ces créances, quoiqu'ayant bien pour cause, comme celles dont fait mention l'art. 2121, la volonté directe de la loi basée sur les rapports qu'elle-même établit entre les parties, en diffèrent à des points de vue si essentiels, qu'il n'est pas dans l'habitude de les confondre sous cette qualification d'hypothèques légales, que l'on réserve, avec raison, pour celles ainsi dénommées par la loi. Aussi nous nous contenterons de cette mention sans nous en occuper autrement, dans cette matière.

Il est facile de comprendre pourquoi la loi elle-même attache les hypothèques aux créances que nous venons d'énumérer. Ces créances en effet résultent, non point d'une convention expresse et directe des parties, mais bien de rapports établis par la volonté de la loi et découlant nécessairement de certaines situations: Ainsi, comme l'indique fort bien M. Paul Pont : « C'est la loi civile elle-
» même qui prononce les interdictions dont la femme
» est atteinte relativement à ses biens et qui la place,
» sous ce rapport, dans un état de dépendance vis-à-vis
» de son mari : c'est elle également qui, se préoccupant
» de l'état des mineurs ou des interdits, les met sous la
» direction et la surveillance d'un tuteur dont l'action
» doit suppléer aux faiblesses de leur âge ou de leur in-
» telligence. C'est encore en raison de la condition
» d'existence que leur fait la loi comme personnes mora-
» les, que l'État, les communes, les établissements publics
» sont tenus d'avoir recours à des agents pour l'adminis-
» tration de leurs intérêts (1). » Eh bien, l'hypothèque lé-

(1) M. P. Pont. Traité des hyp. , art. 2120 , p. 414.

gale que la loi accorde à ces diverses personnes sur les biens de ceux qu'elle charge de leurs intérêts respectifs, n'est que le complément et la sanction des mesures de protection qu'elle a organisées en leur faveur. Cette sanction elle lui donne aussi le plus d'efficacité qu'elle peut en attachant, comme nous allons le voir, à ces hypothèques un caractère exceptionnel de généralité.

De la spécialité. — A côté de cette division des hypothèques au point de vue de leur cause et comme une de ces conséquences intimes, nous retrouvons dans notre législation la division, déjà connue, sous le rapport de leur étendue, en hypothèques *spéciales* et *générales*. Seulement le législateur moderne a introduit dans cette matière une innovation importante. Contrairement au Droit Romain, contrairement surtout aux règles de notre ancien Droit Français, mais dans le même esprit que les législations intermédiaires de messidor an III et de brumaire an VII, la spécialité est devenue aujourd'hui le véritable principe en matière d'hypothèque et ce n'est plus que comme exception que le caractère de généralité reste attaché à certaines hypothèques. Aucun texte de loi, nous l'avouons, ne pose ce principe d'une manière formelle : mais ne ressort-il pas virtuellement de l'esprit même de la loi et des restrictions que le législateur a apportées aux cas d'exception qu'il a été en quelque sorte contraint d'admettre, restrictions qui toutes ont pour but de ramener autant que possible à la règle ? Au surplus, dans la discussion des projets de loi du Code, lorsqu'il s'agit d'établir les principes du régime hypothécaire, la règle de la généralité trouva de nombreux partisans. Si malgré cela on la repoussa de notre législation, c'est que l'on craignit les inconvénients et les dangers qu'elle dévait susciter et qu'on lui reproche aujourd'hui encore si vivement, dans les cas exceptionnels où elle a été conservée.

Dans les hypothèques conventionnelles, l'application du principe de la spécialité était toute simple et résultait, en quelque sorte, de la nature même du fait constitutif. Lorsque les parties traitent entr'elles, il faut, autant que possible, pour qu'elles puissent bien s'accorder, qu'elles soient fixées sur le montant et la nature de leurs prétentions respectives. Rien, en effet, ne serait plus dangereux et plus susceptible de contestations interminables, que des conventions faites en termes vagues et généraux sur des objets indéterminés et que les parties pourraient interpréter chacune à leur façon. Dans des faits aussi graves surtout que des aliénations de propriété, faits qui n'intéressent pas seulement les parties contractantes, mais encore les tiers, ce danger devait être soigneusement évité. Aussi voyons-nous dans la matière des hypothèques le législateur, voulant le prévenir, déclarer expressément que, dans tout acte volontaire tendant à la constitution de ces garanties, il exigeait que l'objet du droit, c'est-à-dire l'immeuble ou les immeubles engagés, aussi bien que la créance, fussent spécialement désignés, celui-ci quant à sa nature et à sa situation, celle-là quant à son montant. Il interdisait, par conséquent, du moins en principe, l'engagement des biens indéterminés, comme les biens à venir. (Art. 2129, 2139.)

Mais pour les hypothèques qui résultent implicitement et tacitement de la volonté de la loi, comment arriver à un semblable résultat? Outre qu'il semble que les parties seules puissent, lorsqu'elles traitent ensemble, indiquer, par une désignation claire et précise, la

nature et la situation des immeubles qui doivent constituer la garantie du créancier, comment aussi déterminer
le montant exact de la créance que l'on a pour but d'assurer et établir entre elle et l'objet engagé une certaine
corrélation de valeur? Au moment où les hypothèques
légales prennent naissance, la créance qu'elles doivent
garantir existe sans doute bien : mais on n'en peut pas,
même approximativement, fixer le *quantum* : l'on ne
peut pas, en effet, savoir ce que sera la créance du mineur, de la femme mariée, de l'État ou des communes
contre le tuteur, le mari ou le comptable, lorsqu'à la
cessation des fonctions ou à la dissolution du mariage,
elle deviendra exigible. Des circonstances souvent indé-
pendantes de la volonté des parties pourront l'amoindrir
ou l'augmenter considérablement. En spécialisant donc
l'hypothèque qui la garantit et la limitant à certains
immeubles, on risquait d'arriver à sacrifier l'intérêt
même des personnes que la loi a voulu protéger le plus
efficacement. Aussi, le législateur, devant ces considérations n'a pas hésité à attacher à ces hypothèques légales le caractère de généralité que, par leur nature et
leur constitution elles semblaient réclamer et, à décider
qu'elles s'étendraient sur la généralité des immeubles tant
présents qu'à venir du débiteur.

Mais ces considérations vraies pour les hypothèques
légales de l'art. 2121, ne l'étaient pas également pour
les hypothèques judiciaires que le Code leur assimile
cependant, quant à leur étendue, puisque le second
alinéa de l'art. 2123 nous dit qu'elles peuvent s'exercer
tant sur les immeubles appartenant actuellement au débiteur que sur ceux qu'il pourra acquérir par suite : sans
doute, la loi, en accordant à ces hypothèques une si

grande efficacité, a voulu, comme le dit si énergiquement Loyseau (1), faire le débiteur bon payeur par tous les moyens : mais pourquoi, puisque dans les jugements et actes judiciaires qui ont pour but la condamnation à une somme d'argent, le montant de cette créance est parfaitement déterminé, ne pas se contenter d'affecter les biens d'une manière suffisante pour en garantir le paiement intégral? En grevant tous les biens du débiteur condamné, on lui ôte justement le moyen de se libérer et l'on arrive à un résultat tout contraire à celui que l'on se proposait. En effet, son crédit est ruiné par l'hypothèque générale qui l'écrase. Qui voudra maintenant, en lui prêtant les fonds qui lui sont nécessaires, courir les chances du concours d'une hypothèque spéciale avec une hypothèque générale, chances bien hasardées, comme nous le verrons bientôt? — Nous ne croyons donc pas que le législateur ait eu des motifs suffisants pour ne pas se préoccuper d'aussi graves inconvénients, en attachant aux hypothèques judiciaires ce caractère de généralité, et nous pensons que c'est l'habitude de ne considérer ces hypothèques que comme de véritables hypothèques légales, qui lui a fait adopter, par analogie, à leur égard, cette décision.

Au surplus, ces dangers, ces inconvénients que nous venons de signaler pour la généralité des hypothèques judiciaires, existent, quoiqu'atténués par les motifs que nous avons examinés, dans les hypothèques légales. Dans ces derniers temps surtout on les a fait vivement ressortir par des critiques incessantes. On a montré, outre le crédit des person-

(1) Loyseau : du deguerp... loc. cit.

nes dont les biens étaient affectés, ruiné et détruit presque complétement, l'état de souffrance où ces hypothèques jetaient une masse de biens au préjudice du crédit public. On a dit aussi avec raison que multiplier le nombre des hypothèques qui grèvent les mêmes immeubles, c'est, à coup sûr, multiplier aussi les conflits d'intérêts, et partant les contestations qui surgissent dans les ordres ouverts sur le prix des biens vendus.

La loi du 21 mai 1858, en réformant la procédure d'ordre, est bien venue remédier en partie à ce dernier inconvénient ; mais cela n'en a pas moins laissé subsister l'éventualité des conflits d'intérêts qui peuvent résulter, par exemple, de ce cas que nous examinerons, du concours d'une hypothèque spéciale sur un immeuble avec une hypothèque générale.

Primus a deux immeubles : A et B. Il est marié, et l'hypothèque légale de sa femme grève généralement ces deux immeubles : toutefois, postérieurement à son mariage, il a concédé sur un de ces immeubles, sur l'immeuble A, par exemple, une hypothèque spéciale à son créancier Secundus, qui ignorait son mariage et l'hypothèque légale de sa femme. Plus tard survient une dissolution du mariage, par suite d'une séparation de biens. La créance de Secundus devient en même temps exigible, et il se met en devoir, Primus ne payant pas, d'exécuter l'immeuble A, qui lui a été hypothéqué; mais, au moment où il va agir, survient la femme de Primus, qui, d'accord avec ce dernier, met opposition à l'exécution, en signifiant son hypothèque générale et l'intention où elle est de l'exercer sur ce même immeuble A. Que va faire Se-

cundus ? Il ne peut repousser la prétention de la femme,
qui est légalement dans son droit. Il ne peut non plus
lui opposer un bénéfice de discussion , et la renvoyer
à l'autre immeuble ; et cependant cette poursuite de
la femme, en exécution de son hypothèque générale,
va, si elle a lieu , anéantir son hypothèque spéciale ,
qui tombera faute d'objet. Dans cette situation , une
seule voie lui est ouverte : c'est de payer à la femme
le montant de sa créance. Il est alors subrogé de plein
droit, en vertu de l'article 1251 , 3e alinéa , à l'hypothèque générale du créancier désintéressé ; et , comme
il n'en conserve pas moins son hypothèque spéciale ,
il pourra , pour se venger de la mauvaise foi de son
débiteur , faire exécuter les deux immeubles A et B,
en vertu des pouvoirs que lui confèrent et son hypothèque spéciale et sa subrogation à l'hypothèque générale. Mais ce moyen , l'on ne sera pas toujours en
position de l'employer : outre qu'il faut avoir au moment même les capitaux disponibles pour désintéresser
le créancier à hypothèque générale, il peut se faire
aussi que la subrogation ne soit pas toujours possible :
par exemple, si l'on a affaire à une femme mariée
sous le régime dotal , et dont l'hypothèque , par
suite des principes de l'inaliénabilité , devient incessi-
ble. Remarquons , toutefois , qu'en dehors de cette exception, la subrogation serait toujours possible , puisqu'aux termes de l'article 1251 , tout autre créancier
serait tenu d'accepter le paiement que voudrait lui
faire le créancier à hypothèque générale.

Quoi qu'il en soit, on comprend que le danger puisse
être souvent assez sérieux pour ne pouvoir y échapper.

Une autre difficulté se présente pour décider la manière dont les hypothèques générales , en concours entr'elles , grèveront les biens à venir. Pour les biens présents, nous savons que le rang se réglera suivant l'ancienneté de la date , en nous rappelant que la date de l'hypothèque , c'est le moment que la loi elle-même assigne pour le commencement de son efficacité , dans les hypothèques où le défaut d'inscription n'est pas opposable au créancier (hypothèques occultes). Pour les autres , ce sera la date de leur inscription.

D'après le principe que toute hypothèque ne peut porter et avoir d'effet que sur un bien présent dans le patrimoine du débiteur, il faut décider que l'hypothèque générale ne portera efficacement sur les biens à venir qu'au fur et à mesure que ces biens entreront dans le patrimoine du débiteur. Dans le cas d'une seule hypothèque, point de difficulté donc : les biens en sont grevés à mesure qu'ils arrivent. Mais *quid* dans le cas de concours ? Précisons ici encore une espèce : Un individu tuteur en janvier 1860 , se marie en mars de la même année, et devient en juillet receveur comptable des deniers de l'Etat. Voilà trois hypothèques légales qui grèveront ses biens. Pour les biens présents , nous avons vu comment le rang se réglera entre elles ; quant aux biens qui arriveront dans le patrimoine de cet individu après juillet 1860 , ils seront, à leur entrée , saisis et grevés par les trois hypothèques générales qui les attendent. Faudra-t-il donc que toutes les trois, lorsque sur l'adjudication de ces biens l'ordre aura été ouvert, elles viennent entre elles par distribution et au marc le franc , ou bien observera-t-on entre elles le même rang que pour les biens présents ? C'est là une question fort controversée. Cependant, on

décide généralement que la collocation se fera en ra
assigné soit par la loi, soit par la date de l'inscri
tion (1). Si l'on admettait, au contraire, qu'il y a li
à contribution au marc le franc, elles ne viendraie
à cette contribution qu'à la date de l'acquisition du bi
grevé par le débiteur, et de là cette singulière cons
quence qu'elles pourraient alors être primées par d'a
tres hypothèques, même spéciales, qui seraient a
térieures à cette acquisition, et cependant postérieur
à la naissance réelle de l'hypothèque générale qu'el
priment : conséquence qui disparaît, si l'on décide qu'
les doivent venir à leur rang respectif.

Les deux difficultés que nous venons d'examin
font assez ressortir les inconvénients du système
généralité des hypothèques légales, pour que no
croyions inutile d'insister davantage. D'après cel
nous comprenons parfaitement les réclamations et les c
tiques qu'il a soulevées ; et lorsque, dans la discussi
de la loi du 23 mars 1855, qui offrait une occasi
depuis longtemps désirée de remanier le système hyp
thécaire, nous voyons les efforts tentés pour faire d
paraître de notre législation ce caractère si gênan
nous n'en sommes nullement étonné.

Les législations allemandes, que la Belgique a imité
dans une certaine mesure (2), ont depuis longtemps rem
dié à ces inconvénients, en posant en principe qu'

(1) Voy. Pothier (de l'hyp., n° 54). Paul Pont. Art. 21
2157, p. 738.
(2) Loi du 16 déc. 1851, art. 54 et suiv.

doit estimer par avance et évaluer à forfait les créances garanties par l'hypothèque légale. Ce principe, si on l'admettait en France, ne serait pas au reste complètement nouveau pour nous. L'art. 2132, en effet, exige pour les créances indéterminées dans leur valeur, auxquelles on veut attacher une hypothèque conventionnelle, cette évaluation estimative de la part du créancier, en la soumettant au contrôle de l'autre partie, du débiteur, qui aura le droit d'en demander la réduction, s'il y a lieu. Nous ne voyons pas, quoi qu'en dise M. Paul Pont, pourquoi l'on n'aurait pu appliquer cette même restriction au caractère de généralité des hypothèques légales.

Au reste, nous l'avons dit déjà, le législateur, frappé des inconvénients que devait inévitablement entraîner l'exception à la règle de la spécialité, et prévoyant pour les hypothèques légales des femmes et des mineurs les cas où elles excéderaient les sûretés suffisantes à la garantie de leurs créances, offre lui-même les moyens de revenir à la règle et de spécialiser conventionnellement ou de faire spécialiser en justice ces hypothèques.

Après avoir, dans les art. 2122 et 2123, fait pressentir ces tempéraments dans ces mots : *sous les modifications ci-après exprimées*, le Code s'occupe dans les art. 2140 et 2145 du droit de restriction soit conventionnelle, soit judiciaire, qu'il accorde au mari et au tuteur, et précise les formalités à remplir pour son obtention. Puis, plus loin, dans l'art. 2161, il pose, en faveur de tous les débiteurs grevés d'hypothèques générales, le droit de demander la réduction des inscriptions ou leur radiation en partie, lorsque ces inscriptions sont portées sur plus de domaines différents qu'il n'est nécessaire pour la sûreté de la créance.

Par ces deux droits, on revient donc au principe de la spécialité : les immeubles non grevés ou dégrevés par leur effet, sont désormais libres, et par eux, le crédit du débiteur peut se reconstituer.

Nous avons posé en principe que l'hypothèque conventionnelle avait pour caractère essentiel la spécialité ; mais cela ne veut pas dire que cette hypothèque ne puisse porter que sur un immeuble et rien que sur celui-là. Il peut, au contraire, très-bien se faire qu'elle englobe non-seulement plusieurs immeubles, mais même tous les immeubles compris dans le patrimoine du débiteur. Il faudra seulement pour cela que chaque bien soit désigné spécialement et nominativement soumis à l'hypothèque dans le contrat constitutif. Remarquons cependant que, malgré cela, il existera encore entre l'hypothèque spéciale portant sur tous les immeubles nominativement désignés, et l'hypothèque générale affectant en bloc tous ces mêmes immeubles, une grande différence quant à leur manifestation extérieure par l'inscription, en prenant, bien entendu, une hypothèque légale pour laquelle cette inscription soit exigée à peine de nullité : c'est que l'hypothèque spéciale ne sera valable qu'autant qu'il y aura inscription prise sur chaque immeuble, tandis que l'hypothèque générale ne nécessite qu'une inscription pour tous les immeubles, pourvu qu'ils soient, bien entendu, tous situés dans le même arrondissement. Cette dernière restriction vient de ce que par chaque arrondissement il y a un bureau du conservateur des hypothèques et qu'il est établi, en principe, que les inscriptions prises dans un bureau n'ont d'effet que sur les immeubles situés dans cet arrondissement.

Un dernier point nous reste à examiner ici. L'art. 2129 nous dit dans son deuxième alinéa : « Les biens à venir » ne peuvent pas être hypothéqués (conventionnelle- » ment). » Puis, immédiatement ce principe posé, l'arti- cle 2130 ajoute : « Néanmoins , si les biens présents et » libres du débiteur sont insuffisants pour la sûreté » de sa créance, il peut, en exprimant cette insuffi- » sance, consentir que chacun des biens qu'il acquerra » par la suite, y demeure affecté à mesure des acquisi- » tions. » Ce dernier article , dans ces mots : *si les biens sont insuffisants* , nous semble exprimer une chose qu'il était bien inutile de dire, car il est évident que dans une hypothèque conventionnelle et spéciale, ce n'est qu'au- tant qu'il y aura insuffisance d'un bien pour la sûreté de la créance, que l'hypothèque portera sur un autre : la créance devant toujours elle-même être déterminée dans son quantum , il sera facile de déterminer aussi la suf- fisance des biens qui devront être soumis à l'hypothè- que.

CHAPITRE III.

DE LA PUBLICITÉ.

Nous voici arrivé à l'étude du caractère général du droit d'hypothèque qui est , incontestablement , le plus important par ses effets et ses résultats : car si le sys- tème hypothécaire est, comme le disait M. de Réal, la base du crédit public et particulier, la publicité est elle-même, à ce point de vue, le fondement du régime hypothécaire. Dû aux efforts du législateur moderne, ce principe est venu consacrer définitivement, sous l'empire du Code et surtout sous celui de la loi plus récente du 23 mars 1855, les développements de la propriété foncière, en assurant, dans les transactions dont elle était susceptible, l'intérêt et la sécurité des tiers.

La publicité de l'hypothèque, droit réel démembrement de la propriété, se lie donc intimement à celle de cette propriété elle-même, et nous reconnaîtrons, dans les développements historiques de cette matière, que ce n'est, en effet, qu'à mesure que notre principe est consacré et reconnu par les lois au point de vue de la propriété, qu'il s'établit aussi pour l'hypothèque.

§ 1er — *Droit Romain.*

Dès l'origine de la législation Romaine, nous trouvons la transmission de la propriété et des droits qui la constituent, entourée de formalités sacramentelles. Sous ce rapport, les biens sont divisés en deux grandes classes, selon le degré d'importance que leur accorde le législateur. D'un côté, les choses qui ne peuvent être possédées que par les seuls citoyens, *ex jure quiritium*, de l'autre, celles dont la propriété était accordée même aux étrangers : les choses *mancipi* et *nec mancipi*. Pour les premières, qu'Ulpien nous énumère dans leur nombre si restreint (1), le génie formaliste des

(1) Frag. Ulp. regul. tit. XIX, §§ 1 à 7.

vieux Romains s'est épuisé à entourer leur transmission des rites symboliques de la *mancipatio*. Les paroles consacrées, le procès fictif qui se débat devant le magistrat en présence de cinq témoins : le libripens et la balance par laquelle doit s'opérer la tradition matérielle, toutes ces solennités si scrupuleusement observées, donnent à l'acte de transmission une véritable publicité.

Pour les choses *nec mancipi*, c'est-à-dire pour tous les biens compris en dehors de l'énumération des *mancipi*, le formalisme n'est, sans doute, pas aussi rigoureux. La simplicité naturelle de l'équité les gouverne dans une mesure beaucoup plus large : et néanmoins la transmission de la propriété est encore subordonnée au fait matériel d'une tradition : jamais la volonté ne peut, par elle seule, opérer la translation du domaine, et pour que l'acquéreur soit réputé valablement propriétaire, il faut qu'il ait touché la chose, qu'il lui ait imprimé le sceau de sa personne et se la soit ainsi assimilée.

Ces formalités, nous les retrouvons dans le droit de gage, le *Pignus* proprement dit, comme conséquence en quelque sorte forcée de la nature qu'avait ce droit à l'origine de la création des sûretés réelles, lorsqu'il ne pouvait se constituer qu'au moyen de la transmission temporaire de la propriété ou tout au moins de la possession du bien engagé, qui passait des mains du débiteur entre celles du créancier-gagiste. Puisqu'il y avait translation de la propriété ou d'une de ses parties, il fallait donc nécessairement recourir aux modes solennels par lesquels elle s'opérait : il fallait employer soit la *mancipatio*, soit *l'in jure cessio* ou la *traditio*, suivant qu'il s'agissait de choses *mancipi* ou *nec mancipi*.

Tout ce système de translation solennelle de la pro-

priété ou de ses droits réels , dont les formalités s'ac-
complissaient au grand jour de la vie publique, devant
les citoyens presque toujours rassemblés au Forum, était
évidemment bien propre à assurer la publicité de ces
mutations , à garantir l'intérêt des tiers et à consolider
ainsi le crédit. Que le législateur primitif du Droit romain n'ait pas eu directement en vue ce résultat,
comme le prétend M. Troplong (1); que, tout entier à
la préoccupation de frapper les esprits par des solennités
matérielles et de les enchaîner dans les entraves d'un
formalisme qui assurât l'équité et la bonne foi, il n'ait
pas été assez avancé dans les conceptions difficiles du
droit pour songer à la consolidation du crédit par la sécurité des tiers, cela se peut, quoique cependant il nous
semble que ces intérêts sont des premiers qui, par leur
importance , doivent attirer l'attention d'un législateur.
Mais qu'importe, si le résultat n'en a pas moins été acquis, si, dans ces formalités extérieures, le principe de
la publicité a trouvé une application suffisante pour que
le crédit en ait, jusqu'à un certain point, profité! Est-ce
que dans l'ordre des sûretés réelles, par exemple, dans
le gage, les tiers ne se trouvaient pas suffisamment prévenus du droit qu'avait désormais le créancier-gagiste de
poursuivre la chose engagée et d'en revendiquer la propriété ou la possession contre tout détenteur; et quant
au droit de préférence, la date qui, selon l'ancienneté,
devait fixer le rang des créanciers entre eux (*privilegium
temporis*), ne se trouvait-elle pas établie et constatée
ainsi d'une manière peu douteuse à l'égard de tous?
Il faut bien reconnaître que c'étaient là des résultats

(1) M. Troplong Comment. de la loi du 23 mars 1855, p. 15.

constants de ce formalisme, quelque barbare qu'il puisse paraître, résultats que nous ne retrouvons plus à mesure que la réaction s'opère contre ces formes pesantes et gênantes pour la liberté des transactions, à mesure que le droit s'en dégage pour se simplifier.

Alors en effet le législateur admet pour la transmission de la propriété, les traditions feintes ; à la chose elle-même il substitue le symbole de cette chose. Peu lui importe que cette tradition feinte produise, vis-à-vis des tiers, des effets moins manifestes et moins patents. Il lui suffit qu'elle dégage les parties contractantes des entraves qui les gênaient.

C'est alors aussi que nous voyons le Droit honoraire introduire dans le Droit civil des Romains, l'institution d'hypothèque, c'est-à-dire le gage sans dessaisissement, et cette sorte de sécurité qui résultait, tant pour les tiers détenteurs que pour les autres créanciers, du fait matériel de ce dessaisissement, disparaît devant cette tendance générale à ramener les formes du droit à la plus grande simplicité.

On a cependant voulu soutenir que l'hypothèque dans le Droit Romain, avait, comme chez les Grecs, un certain caractère de publicité résultant de ce moyen que l'on employait pour faire connaître qu'un héritage était hypothéqué et qui consistait dans l'établissement sur les héritages d'espèces d'écriteaux chargés d'inscriptions qui rappelaient les obligations contractées avec un premier créancier et prévenaient les tiers des charges dont était grevé le bien (1). Mais, outre que ce moyen ne pouvait

(1) Loyseau. de Guerp. liv. III, chap. 1, n° 25. — Dalloz. hyp. n° 25.

jamais s'appliquer qu'aux hypothèques immobilières et laissait, par conséquent, celles sur les meubles dénuées de toute espèce de publicité, nous croyons avec M. Troplong, que ces signes extérieurs, démonstratifs de l'hypothèque, avaient un tout autre but que celui de donner à cette sûreté une publicité salutaire. Dans le principe, cela pouvait être une sorte de symbole de tradition feinte destinée à remplacer la tradition réelle. Plus tard ce ne furent que des actes d'autorité privée, tenant plus à la vanité qu'à la conservation des droits et auxquels les empereurs s'empressèrent de mettre des bornes, pour ne pas les voir dégénérer en sujet de discordes incessantes.

Il faut donc bien plutôt admettre que du moment où l'hypothèque s'introduisit à Rome, le système de sûreté réelle qui en découla n'était basé que sur une clandestinité presqu'absolue. Alors que devint l'intérêt des tiers qui, à tout moment, pouvaient être trompés en acquérant un bien qu'on leur assurait libre et qui en réalité se trouvait grevé d'un ou même de plusieurs droits d'hypothèque? Comment arriva-t-on à régler d'une manière certaine entre les différents créanciers hypothécaires venant en concours, le rang qu'ils doivent occuper dans la distribution du prix, selon la date de leurs créances? Tout cela se trouva donc forcément abandonné à la bonne foi des parties contractantes. Sans doute le législateur chercha lui-même à assurer cette bonne foi et à prévenir les fraudes, en portant contre les débiteurs stellionataires les peines les plus sévères : celui qui, profitant du secret des hypothèques antérieures, ne les déclarait pas aux personnes avec lesquelles il contractait de nouveau ; ou bien celui qui, sur des biens déjà hypothéqués au-delà de leur valeur, consentait de nouvelles garanties, était condamné aux travaux les plus durs et déclaré infâme (1). Mais ces répressions énergiques qui pouvaient arrêter quelques fraudes, ne prévenaient pas pour cela tous les inconvénients de la clandestinité, et pour y échapper le moyen le plus efficace que pouvaient prendre les tiers acquéreurs d'un bien qu'ils redoutaient de voir ainsi grevé, c'était de se faire garantir des évictions qu'ils pourraient subir par des fidéjusseurs, des cautions que l'on appelait plus particulièrement dans ce cas, des *auctores secundi*. (2)

Comme nous le voyons ce n'est pas dans le Droit Romain qu'il nous faut rechercher l'origine de notre principe actuel de la publicité : la seule trace que l'on y rencontrerait d'un effort tenté par le législateur pour s'en rapprocher, ce serait dans l'ordonnance que nous avons déjà citée de l'empereur Léon qui accordait la préférence, sans égard à la date, aux hypothèques appuyées d'un *instrumentum publicè confectum*, ou d'un *instrumentum quasi publicè confectum*.

§ 2me. — *Ancien Droit Français.*

Dans notre ancien Droit Français nous retrouvons dans les hypothèques, comme droit commun, la clandestinité de la législation romaine. Mais, comme dans le premier état du Droit civil romain, la publicité de la propriété résultant des solennités sacramentelles du Droit germanique d'abord, puis des formalités de l'investiture

---

(1) L. 5. §§ 1, 2. Dig. de stellion. (XLVII, 20). — L. 1, L. 4, C. de crim. stellionat.

(2) L. 4. Dig. de evict. (XXI, 2).

dans le droit féodal, obvia en partie aux inconvénients
de cette clandestinité des hypothèques. Du moment en
effet où la propriété ne pouvait être transmise qu'aux
yeux de tous et en présence du seigneur, dépositaire de
la justice et représentant de la puissance publique ; du
moment surtout où les formalités du *vest* et du *devest* devaient être constatées sur un registre public dont les
tiers pouvaient prendre communication quand ils avaient
intérêt à le consulter, leur sécurité se trouvait sau-
vegardée et ils jouissaient du bénéfice d'une publicité
introduite sans doute dans un tout autre intérêt que le
leur, mais dont, par voie de conséquence, ils pouvaient
tirer avantage.

Mais quand la même réaction que nous avons vue en
Droit romain, s'opéra dans notre Droit français contre
les entraves qu'apportait aux développements de la propriété, ce formalisme rigoureux du droit féodal ; quand,
en haine de ce même droit, les jurisconsultes coutumiers
proclamèrent dans la plupart des provinces de la France,
ce principe anti-féodal : *nul ne prend saisine qui ne
veut*, alors les inconvénients des hypothèques occultes,
ses dangers même, reparurent à mesure que tomba en
désuétude la transmission solennelle de la propriété : et
enfin, au moment où le législateur coutumier, poussant
la réaction bien plus loin que ne l'avait fait le Droit romain, introduisit dans les contrats translatifs de propriété la fameuse clause du *constitut possessoire*, au
moyen de laquelle la seule volonté des parties suffisait
désormais pour opérer le transfert de la propriété, tous
les embarras que devait susciter la clandestinité d'un
droit aussi important que le droit d'hypothèque, sur-
girent à la fois. Les débiteurs de mauvaise foi purent

tromper leurs créanciers sur leur véritable position ; accumuler sur leurs biens une masse d'hypothèques bien au-delà de leur valeur réelle, et par les apparences d'un crédit qui n'existait plus, surprendre la confiance des tiers.

Vainement des esprits éminents, tels que Dumoulin, Loyseau, Pothier, voulant venir au secours de ces intérêts trop oubliés, cherchèrent-ils à ramener le droit vers le système des traditions réelles et publiques ; l'impulsion donnée était trop forte, et ces jurisconsultes eux-mêmes étaient obligés d'enseigner que la tradition opérée *solo consensu* était aussi parfaite, même à l'égard des tiers, qu'une tradition matérielle.

Toutefois, si l'intérêt des tiers était ainsi complètement négligé, il n'en fut pas tout-à-fait de même de l'intérêt des créanciers hypothécaires concourant entre eux. Notre ancien Droit avait, sous ce rapport, introduit une heureuse modification aux principes du Droit romain, en proclamant, comme règle du droit commun, la nécessité de constituer les hypothèques par des contrats authentiques, des actes notariés, dont la date servait à fixer le rang des créanciers entre eux.

Mais, si dans la plupart des provinces de France les hypothèques étaient occultes, il y en avait cependant quelques-unes qui, fidèles aux principes de publicité établis par le droit féodal, avaient conservé la tradition solennelle résultant de l'ensaisinement féodal pour les mutations de propriété et, comme conséquence, admettaient en principe qu'une créance ne pouvait acquérir d'hypothèque que par le *nantissement*.

Dans ces provinces, que l'on désigne généralement sous le nom de pays de *saisine* ou de *nantissement*, pour constituer valablement hypothèque, il fallait, comme

nous l'apprend Loyseau, (1) que le créancier exhibe au seigneur haut justicier son contrat portant hypothèque et
le requère que, pour sûreté de sa dette, il soit nanti par
hypothèque de l'héritage, et que dorénavant il ne fasse
aucun nantissement ni dessaisine, sinon à la charge de
son hypothèque; mention de cette formalité était faite
sur le contrat et enregistrée à la justice du lieu sur un
registre public tenu à cet effet. Ce mode de constitution
d'hypothèque offrait, comme on le voit, dans l'intérêt
des tiers, de grands avantages, puisqu'avant de s'engager, le créancier nouveau ou le tiers acquéreur pouvait
consulter le registre des nantissements et s'éclairer sur
l'étendue des hypothèques que le débiteur avait déjà
créées sur son immeuble. De plus, c'était la date de
l'inscription sur ces registres qui servait à fixer d'une
manière certaine le rang que devaient avoir entre eux les
différents créanciers hypothécaires. C'était une grande
garantie de plus; car souvent dans le droit commun il
pouvait se faire que l'on ne fût pas suffisamment éclairé
par les actes notariés qui ne se trouvaient pas toujours à
la disposition de tout le monde.

Comment se fait-il que ce système de publicité des
pays de nantissement qui offrait des avantages que nous
ne trouvons pas plus considérables sous l'empire même
de notre législation actuelle, ne se soit pas étendu à toute
la France?

Comment les efforts du législateur pour faire pénétrer
dans le droit commun ce que les pays de nantissement
considéraient à bon droit comme le sceau, l'appui et la
sûreté des propriétés, n'ont-ils amené aucun résultat dé-
cisif? Cela tient à deux causes bien différentes : d'abord les

_____

(1) Du deguerp. (Liv. III, chap. I, n° 35). Lamoignon (Ar-
rêtés, tit. 2).

provinces qui étaient arrivées à s'affranchir des entraves féodales de l'ensaisinement solennel, redoutaient de s'embarrasser encore des formalités minutieuses et extraordinaires qui entouraient le nantissement. Elles préféraient, depuis l'ordonnance de Moulins qui attribua aux jugements une hypothèque générale, contracter par voie d'obligations sous seing-privé, qu'on faisait reconnaître en justice trois jours après; cette reconnaissance tenait lieu d'inscription, et elle était plus simple et en même temps plus expéditive que les nantissements. Mais la véritable raison qui faisait que les pays de nantissement se trouvaient en plus petit nombre, c'est qu'à l'époque dont nous parlons, on tenait assez généralement et beaucoup au secret de l'hypothèque; on craignait cette publicité qui permettait des investigations trop curieuses dans le secret des familles. Les idées sur le crédit privé n'étaient pas assez avancées pour faire passer par dessus ces préjugés étroits, mais profondément enracinés, et il n'y avait guère que des hommes d'un mérite supérieur qui, comme Loyseau (1), pussent s'élever contre des inconvénients aussi réels que ceux que nous avons déjà signalés.

Faut-il s'étonner, après cela, si nous voyons échouer toutes les tentatives faites par le législateur, en vue de généraliser le principe salutaire des provinces de saisine et de nantissement?

La première de ces tentatives c'est l'édit de 1581 par lequel Henri III créa, dans chaque siége royal, un office de contrôleur des titres, pour enregistrer tous les contrats qui excèderaient cinq écus de principal ou trente

(1) De l'action hyp. L. 3. n° 16.

sous de rente foncière, avec cette sanction qu'à défaut
de contrôle ou d'enregistrement, les actes n'emporte-
raient point de droit de propriété ni d'hypothèque. Cet
édit, s'il n'avait pas été révoqué quelques années après
(1588), aurait établi alors le principe de publicité que
nous ne voyons bien décidément constitué que deux siè-
cles plus tard, par nos législations hypothécaires du droit
intermédiaire. L'importance en avait été si bien comprise que Henri IV, à son tour, reproduit en 1606, le
principe établi par cet édit : mais ce nouvel essai fut
aussi infructueux que le premier et ces deux édits, après
avoir été très incomplètement exécutés, furent révoqués.

Il était dû au génie de Colbert de renouveler ces efforts
et d'arriver « à perfectionner par une disposition univer-
selle, ce que quelques coutumes avaient essayé de faire
par la voie des saisines et des nantissements. » C'est
ainsi que s'annonçait ce fameux édit de 1673 qui cependant, ne put, pas plus que les autres, résister aux préjugés de l'époque et fut révoqué en avril 1674, parce
que, disaient les motifs de cette révocation, les réglements les plus utiles trouvent dans leurs premiers établissements de grandes difficultés.

Enfin vint le dernier édit de 1771, qui tenta de faire
revivre le projet si utile de 1673, en lui donnant une
forme nouvelle, qui pût en rendre l'exécution plus facile, plus assurée et d'un avantage plus général : mais
ces promesses ne furent pas réalisées et l'édit, qui
avait voulu abroger par son art. 35, l'usage des saisines
et nantissements pour acquérir hypothèque, et le remplacer par un système nouveau de lettres de ratification,
n'eut qu'un résultat de procédure, en réglant la manière

dont les tiers acquéreurs devaient opérer la purge des hypothèques.

Avant d'arriver au droit intermédiaire, qui dans la destruction des formes féodales, comprit tout naturellement le système des pays de nantissements qui en était si profondément empreint, disons quelques mots d'un système particulier de publicité tant de la propriété que des hypothèques, que nous trouvons dans la Coutume de Bretagne.

Ce système, connu sous le nom d'*Appropriance*, consistait dans un avertissement exprès, par la force et la puissance de proclamations et *bannies*, dont le but était d'enlever à celui qui n'avait pas fait connaître son droit réel, tout moyen de troubler le possesseur. Par ces proclamations, en effet, au nombre de trois, du contrat translatif de propriété et de ses conditions, les tiers intéressés qui pouvaient avoir sur le bien un droit quelconque, étaient mis en demeure de se présenter et de former opposition. Si, nonobstant ces actes publics, ils gardaient le silence, l'acheteur, à un moment donné, sera à couvert, tout aussi bien que s'il eût acquis la prescription.

L'article 270 de la Coutume de Bretagne nous décrit tout au long la forme de cette procédure particulière : « On se peut approprier, y est-il dit, de » tout héritage ou autre chose réputée immeuble, » soient servitudes ou *autres droits réels*, par tous con- » trats et titres reçus de droit et de coutume habiles à » transférer seigneurie : acquérant lesdits héritages ou » *droits*, de celui qui est saisi et actuel possesseur, en » son nom, par lui et ses auteurs, par an et jour : » prenant, ledit acquéreur, possession actuelle en vertu

« desdits contrats et titres. Et faisant, après ladite pos-
» session, trois *bannies*, tant dudit contrat que de la
» prise de possession, par trois jours de dimanches con-
» sécutifs, sans intervalle, incontinent après l'issue de
» la grand'messe, en la Congrégation du peuple, etc., etc.
» Et faisant, ledit acquéreur, rapporter et certifier les-
» dites *bannies*, devant le juge du lieu où sont lesdites
» choses situées, par le sergent qui a fait lesdites *ban-
» nies* et deux records...; laquelle certification de *ban-
» nies* se fera en jugement, huitaine après la première
» *bannie* pour le moins... »

Après la certification, l'acquéreur était propriétaire
à l'égard de tous, la propriété purgée; l'appropriance
avait lieu.

Ce système particulier, qui était plutôt un acte de
procédure postérieur à la vente qu'un élément essentiel de cette vente, avait en vue, comme le nantissement, la consolidation de la propriété et la sécurité des
tiers, qui étaient suffisamment prévenus par les trois
proclamations publiques d'avoir à exercer leurs droits.

Mais malgré ces grandes et salutaires exceptions, sou-
tenues et approuvées si souvent par le législateur, nous
l'avons dit déjà, la clandestinité des hypothèques était
restée le droit commun de la France jusqu'au moment
de la Révolution.

Un des premiers actes de cette Révolution fut d'abo-
lir et le nantissement et l'appropriance, qui rappelaient trop la féodalité par leurs formes et leur origine;
mais, après avoir détruit, elle songea à reconstruire
sur des bases nouvelles et durables le principe de la
publicité, que la raison montrait comme devant être la
base de la propriété foncière et le fondement du sys-

tème hypothécaire. C'est alors que , dans la loi du 19
septembre 1790, apparaît pour la première fois le système de la transcription des grosses des contrats d'aliénation ou d'hypothèque. C'est alors aussi que la loi du
9 messidor an III établit la première, d'une manière spéciale, la publicité de l'hypothèque, révélée par l'inscription, au bureau du conservateur, de son titre constitutif.

Mais cette loi , trop empreinte des idées exagérées
de cette époque si féconde en innovations hardies, s'é-
tait égarée dans un système de mobilisation de la propriété foncière, dont l'établissement définitif aurait inévitablement entraîné la ruine complète de cette propriété.
Aussi ne fut-elle même pas mise à exécution, et la législation de brumaire an VII, qui la suivit , ne con-
serva d'elle que le principe salutaire de la publicité des
hypothèques qu'elle avait proclamé.

C'est de cette loi du 11 brumaire an VII que date ,
nous l'avons déjà dit , l'ère nouvelle de notre régime
hypothécaire en France. Basée sur ces deux grands
principes fondamentaux de la spécialité et de la publicité des hypothèques, c'est elle aussi qui fit de la
transcription des actes constitutifs de la propriété la
nécessité indispensable de la transmission de cette propriété. Plus franche dans ses innovations et plus déterminée dans ses conséquences que la législation du Code
qui la suivit , elle avait proclamé ces principes nouveaux d'une manière absolue; elle ne souffrit pas ,
comme l'avaient fait les pays de nantissement et comme
le firent ensuite les législateurs du Code, que la publicité, qu'elle organisait sur une vaste échelle, eût des
exceptions. Toutes hypothèques, tacites ou convention-

9

nelles, spéciales ou générales, devaient y être généralement soumises.

Aussi voyons-nous que, parmi nos jurisconsultes contemporains, des esprits éminents ont pensé que le Code Napoléon était loin d'avoir remplacé dignement cette législation si complète, et il semble que le législateur de 1855, en revenant aux anciens principes que celui de 1804 avait négligé de prendre dans les dispositions de la loi de brumaire, ait voulu donner raison à cette critique.

§ 3. — *Code Napoléon.*

Après les grands progrès réalisés par les lois transitoires que nous venons de mentionner, il n'était guère possible que le législateur du Code, sous leur influence toute récente, ne se rattachât pas aux principes qu'elles proclamaient et principalement à celui si important de la publicité en matière hypothécaire.

Toutefois, si nous en croyons les documents qui sont restés sur les travaux préparatoires de notre législation (1), cela n'a pas été sans une vive résistance de la part de certains jurisconsultes, partisans déclarés et résolus de l'ancien système, que la clandestinité de l'hypothèque a été repoussée de nos lois nouvelles, et il n'a fallu rien moins que l'influence du Premier Consul pour entraîner la majorité du conseil-d'Etat à proclamer en principe que désormais le droit résultant de l'hypothèque

---

(1) Voir M. Locré, tom. XVI, p. 192 et 195, et Fenet, tom. XV, p. 502 et 503.

n'aurait de valeur et d'efficacité qu'à la condition de s'ê-
tre révélé.

Mais comment et suivant quel mode devait se faire
cette révélation ? En recherchant dans les législations
précédentes le mode de publicité qui offrait les garanties
les plus désirables pour la bonne application du principe
nouveau, on trouva l'inscription créée par la loi du 9
messidor an III, et ce fut par cette inscription prise au
bureau du conservateur des hypothèque de la manière
et dans les formes déterminées par la loi, que l'hypothèque
put se révéler à tous ceux qui ont un intérêt à en connaître l'existence. Ajoutons avec M. Paul Pont (1) que c'est
par elle seule que doit se faire cette révélation et que nul
autre moyen ne saurait la suppléer. Il résulte bien, en
effet, des textes formels de la loi et de son esprit que,
de quelqu'autre manière que l'existence d'une hypothèque parvienne à la connaissance des tiers, cette hypothèque ne leur sera jamais opposable.

Ceci établi, voyons dans l'intérêt de quelles personnes a été consacré le principe de la publicité ; nous examinerons ensuite à quelles hypothèques il a été attaché.

Et ici se place tout naturellement pour nous l'examen
des deux droits de suite et de préférence qu'engendre
l'hypothèque dans sa nature de droit réel, absolu et opposable à tous, puisque dans ces deux droits se résu-
ment les différents rapports que peut amener entre les
personnes la création de la sûreté réelle hypothécaire :
1° Le droit de suite, qui intéresse les créanciers hypothécaires dans leurs rapports avec les tiers-détenteurs
ou acquéreurs de l'immeuble hypothéqué, consiste,

_____

(1) Paul Pont, art. 2134—2147, nos 728 —6—731.

nous le savons, dans la faculté accordée à ces créanciers de suivre les immeubles hypothéqués entre quelques mains qu'ils passent, et d'opposer leur droit à tous
ceux qui seraient postérieurement créés par suite des
aliénations qu'en aurait pu faire le débiteur. Ce droit
renferme donc, dans certaines circonstances déterminées,
la condition d'efficacité de l'hypothèque; car, en supposant
qu'il n'existe pas, la garantie ne suivra plus l'immeuble
auquel elle a été attachée, et alors rien ne sera plus
facile au débiteur, en aliénant cet immeuble ou en dis-
posant à un titre quelconque, de rendre illusoire la
sûreté de son créancier hypothécaire.

Remarquons, au reste, que l'on ne considère nullement la nature du titre en vertu duquel le tiers-déten-
teur sera mis en possession du bien affecté; que ce soit
une vente, un échange, une donation entre-vifs ou un
testament, peu importe; l'intérêt qu'aura le créancier à
user de son droit de suite restera toujours le même, et
le fait seul d'une aliénation ayant pour but de faire sortir
l'immeuble grevé, en tout ou partie, du patrimoine du
débiteur, aura suffi pour ouvrir l'exercice de ce droit.
Toutefois, l'on comprend que cette faculté accordée au
créancier hypothécaire ait été subordonnée à l'accomplissement de certaines conditions de publicité qui vinssent
sauvegarder aussi l'intérêt et la sécurité des tiers en les
prévenant des charges qui grèvent les immeubles dont
ils vont devenir les acquéreurs. Aussi la loi, dans l'article 2166, exige-t-elle expressément, comme condition sinè quâ non de ce droit de suite, que par la formalité préalable d'une inscription, les hypothèques aient
été portées à la connaissance des tiers.

Mais ici se présente la question de préciser l'époque

à laquelle doit s'accomplir cette prise d'inscription pour produire valablement cet effet; à cet égard la législation a subi diverses variations et des systèmes différents ont tour à tour été suivis; sous l'empire de la loi de brumaire an VII, la nécessité de la transcription étant exigée d'une manière absolue pour tout acte translatif de propriété, c'était avant cette transcription que devait être prise l'inscription des hypothèques pour l'exercice du droit de suite.

Sous le Code où nous ne trouvons plus cette nécessité de la transcription aussi absolue, il avait été généralement admis dans la doctrine que le droit de suite ne prenait naissance qu'autant que les hypothèques avaient été inscrites au moment où l'aliénation consentie par le débiteur faisait passer le bien engagé des mains de celui-ci dans celles du tiers acquéreur. Le Code de procédure, par ses art. 834 et 835, était venu modifier ensuite cette décision doctrinale, en déclarant que l'inscription pourrait être valablement prise, non-seulement après l'acte translatif de propriété, mais encore dans un délai de quinze jours après la transcription même de cet acte. Enfin l'art. 6 de la loi du 23 mars 1855 est venu fixer cette législation si variable et la ramener, sauf quelques exceptions, aux principes de la loi de brumaire, en déclarant qu'à partir de la transcription, il ne peut plus être pris d'inscription utile sur le précédent propriétaire.

Ainsi, par cette publicité qui résulte de l'inscription des hypothèques, les tiers savent maintenant quelles sont les charges qui grèvent les biens qu'ils acquièrent et ils ne sont plus exposés, comme autrefois à voir surgir des hypothèques dont ils n'aient pas pu soupçonner l'existence. Toutefois nous ne tarderons pas à voir qu'ils n'ont pas été mis complètement à l'abri de tout danger de ce genre et qu'il peut se faire encore que leur droit soit soumis à des éventualités aussi fâcheuses qu'imprévues.

Quoi qu'il en soit et en règle générale, le défaut d'inscription dans les délais déterminés, emporte extinction du droit de suite et l'immeuble se trouve , entre les mains de l'acquéreur, purgé de toutes hypothèques qui n'ont pas été portées à sa connaissance en temps utile.

Au contraire l'inscription est-elle prise, le droit de suite existe et son exercice est ouvert par le fait de l'aliénation : les créanciers hypothécaires peuvent , entre les mains du tiers acquéreur, poursuivre la vente de l'immeuble hypothéqué , pour être colloqués, ajoute l'art. 2166, et payés suivant l'ordre de leurs créances et inscriptions : ceci nous ramène au droit de préférence, dont la constatation se fera justement dans cette collocation.

Le droit de préférence qui intéresse les créanciers entr'eux et au moyen duquel le créancier hypothécaire obtient, avant tous ceux qui lui sont postérieurs, son payement sur le prix des immeubles affectés, est le droit principal et essentiel de l'hypothèque, puisqu'aux termes des art. 2093 et 2094, c'est précisément par la préférence qu'elle donne, que l'hypothèque est une sûreté. Aussi conçoit-on très bien que ce droit puisse exister seul et indépendant du droit de suite et que celui-ci se trouvant éteint vis-à-vis des tiers, n'entraîne pas pour cela la déchéance de l'autre ; au contraire on ne saurait comprendre le droit de suite existant indépendamment du droit de préférence, et n'ayant pas pour but l'obtention de ce droit: l'art. 2166 vient au reste de nous prouver ceci d'une manière assez claire pour que nous n'ayons pas à insister davantage.

Comme pour le droit de suite, la condition vivifiante et indispensable du droit de préférence est aujourd'hui la publicité qui résulte de l'inscription des hypothèques : ce n'est en effet qu'autant qu'elles ont été rendues publiques que les hypothèques constituent une cause légitime de préférence : sans doute l'hypothèque existe toujours indépendamment de sa publicité; car ce n'est pas l'inscription qui fait l'hypothèque; mais c'est l'inscription qui la fait vivre, qui la met en mouvement, qui, en un mot, en fait un droit opposable aux tiers. Jusque-là, quelque régulière qu'elle soit dans sa constitution et dans son existence, l'hypothèque ne crée qu'un droit inerte, sans effet et sans résultat. Et cela est si vrai que l'art. 2134 nous dit que le droit ne sera appréciable pour déterminer le rang que prendra le créancier, qu'à partir du jour de l'inscription prise au bureau du conservateur des hypothèques.

Entre créanciers inscrits, le droit de préférence se réglera donc par la date de l'inscription et le plus ancien primera les autres; c'est l'application de la maxime : *Prior tempore, potior jure* Plusieurs inscriptions ont-elles été prises à la même date, le même jour, les créanciers inscrits exerceront leur hypothèque en concurrence et la distribution du prix se fera entr'eux au marc le franc ; telle est la règle juste et équitable que pose l'art. 2147. Le législateur n'a pas voulu, en distinguant entre les inscriptions du soir et celles du matin, abandonner l'appréciation de la question de préférence qui en résultait à des chances nombreuses d'erreur et peut-être la faire dépendre d'une complaisance coupable de la part du conservateur ou même des agents.

Le principe de la publicité qui sous la législation de brumaire an VII s'appliquait généralement et indistinctement à toutes les hypothèques conventionnelles, légales ou judiciaires, n'a pas été admis d'une manière aussi absolue, dans le Code. S'il est vrai de dire que les hypothèques conventionnelles et légales sont toutes et sans aucune exception subordonnées, quant à leur validité, aux formalités de l'inscription, il faut, dans les hypothèques légales, admettre une exception pour celles de la femme et des mineurs et interdits : ce sont ces hypothèques que l'on a désignées sous le nom d'*hypothèques occultes.*

Mais il ne faut pas exagérer la portée de cette exception, et de cette dénomination assez impropre déduire que ces hypothèques échappent absolument au principe de la publicité. Telle n'a jamais été, en effet, l'idée du législateur lorsqu'il a déclaré dans l'art. 2135 que ces hypothèques peuvent exister, indépendamment de toute inscription. Pour elles, comme pour les autres, le principe de la publicité est vrai en ce sens que la formalité de l'inscription a été exigée et prescrite : seulement l'obligation de s'y conformer n'a pas été imposée aux créanciers de ces hypothèques sous la même sanction, c'est-à-dire à peine de déchéance, comme aux autres créanciers hypothécaires.

Le défaut d'inscription qui, d'habitude, est opposable aux créanciers, ne le sera, d'après cela, ni à la femme, ni au mineur, ni à l'interdit. Mais la loi n'en exige pas moins cette inscription et ce qui le prouve c'est l'insistance qu'elle met à en poursuivre l'accomplissement : au

mari, au tuteur; elle enjoint formellement de prendre
en temps utile, sur leurs propres biens, inscription de
l'hypothèque qui les grève : et ceux qui, ne s'étant pas
conformés à cet ordre, ne feront pas néanmoins connaître ces hypothèques aux personnes qui par la suite trai-
teraient avec eux, sont déclarés stellionataires et comme
tels contraignables par corps, art. 2136. — Le subrogé-
tuteur est, sous sa responsabilité, requis aussi de prendre sur les biens du tuteur inscription de l'hypothèque
légale des mineurs. Enfin, toute personne qui, par un
lien de parenté, est uni aux créanciers, est invitée à
prendre ces mêmes inscriptions : le procureur impérial,
représentant légal de la société, les requerra lui-même,
aux termes de l'art. 2138. On s'est demandé si cette
dernière prescription était obligatoire ou purement fa-
cultative, et si, comme le subrogé-tuteur, c'était sous
sa propre responsabilité, que le procureur impérial était
tenu de requérir l'inscription. La doctrine et la pratique
admettaient généralement que rien dans la loi ne semblait devoir faire conclure que ce devoir fût imposé sous
une sanction quelconque. Jamais même il n'était rempli;
et devant les grandes difficultés que présentait son accomplissement, les circulaires du Ministre de la justice,
avaient même interdit aux procureurs de s'immiscer dans
ces affaires. Mais que décider depuis la loi du 21 mai
1858 dont l'art. 1er § 3, dit en termes formels, que désormais, les procureurs impériaux seront *tenus* de requérir
inscription de ces hypothèques de la femme et des mineurs au bureau du conservateur ? Il faudrait dire que,
d'après ces termes mêmes, leur responsabilité se trouve
aujourd'hui engagée. Cependant, pas plus qu'auparavant
cette prescription n'est exécutée dans la pratique, et une

nouvelle circulaire du Ministre de la justice est encore venue défendre aux procureurs impériaux leur immixtion dans ces affaires.

Le caractère occulte des hypothèques légales de la femme et des mineurs, résultant des dispositions de l'art. 2135, a donc pour signification simple, que le défaut d'inscription de ces hypothèques ne peut être opposé par les tiers à la femme et aux mineurs ou interdits, ni leur préjudicier. Et alors les motifs de cette exception nous apparaissent bien clairement. C'est toujours par suite des mêmes idées de protection dont le législateur croit devoir entourer l'état de ces personnes : puisque lui-même les a placées, soit à raison de leur âge, soit à raison de leur faiblesse dans un état de subordination et de dépendance vis-à-vis d'autres personnes, il était tout naturel de ne pas leur imputer à mal une négligence qui ne pouvait provenir de leur fait.

Toutefois, disons-le, si en ce qui concerne le mineur c'était là un motif suffisamment basé sur l'incapacité résultant de son âge, nous ne comprenons plus que vis-à-vis de la femme, on pût se fonder également sur l'incapacité tout-à-fait relative qui résulte du mariage : sans doute dans les faits qui intéressent la fortune même du ménage, de l'association conjugale, l'expérience du mari et son autorité doivent prédominer. Mais lorsqu'il s'agira d'intérêts différents et opposés appartenant à chacun des époux, lorsque des rapports d'obligation s'établiront par suite de certains faits entre le mari et la femme, admettre que la femme, soit par suite de la même incapacité, impuissante à faire valoir ses intérêts, nous semblerait souverainement inique. D'un autre côté, forcer la femme à demander à son mari de l'autoriser à agir contre lui, aurait été au moins bizarre. Pourquoi donc ici, lorsqu'il ne s'agit que de la prise d'une inscription dont les formalités seront d'autant plus simples que l'hypothèque qu'elle constatera, n'a besoin elle-même d'être constatée par aucun acte authentique ; et qu'une simple déclaration de la créance, faite en n'importe quels termes et envoyée au conservateur, sera parfaitement suffisante, pourquoi, dis-je, admettre que la femme qui est arrivée à un âge où la raison ne lui manque pas pour accomplir un acte pareil, ne puisse le faire sans consulter son mari et sans avoir besoin de son autorisation ?

Pour l'hypothèque légale de la femme, les motifs de protection ne nous paraissent donc pas suffisants pour servir de base à une exception au principe de publicité : exception si exorbitante du droit commun et qui peut faire naître tant de dangers non-seulement à l'égard des tiers, mais vis-à-vis du créancier lui-même, de la femme.

Aussi de nombreuses et vives critiques ont-elles été élevées contre ces hypothèques occultes, au moins contre celle de la femme. On a bien souvent reproché au législateur du Code de n'avoir pas su, comme celui de Brumaire, pousser jusqu'au bout les conséquences de ses innovations et d'avoir trop cédé à l'influence de l'ancien Droit, même au moment où il combattait ses principes.

Faire de la publicité la base et le pivot du régime hypothécaire, et d'un autre côté, admettre en même temps que des charges réelles puissent exister et grever la propriété sans s'être révélées, c'était, a-t-on prétendu avec raison, associer les idées les plus contradictoires ; c'était aussi compromettre et sacrifier le crédit foncier, qui, ne pouvant s'établir que sur une notoriété complète, que sur une connaissance exacte et parfaite de l'état de la propriété, est détruit, par la force même des choses, dès qu'il est admis que des hypothèques puissent ne pas être connues et publiées.

L'unique moyen d'établir dans son énergie nécessaire la garantie qui doit résulter de l'hypothèque, c'était d'admettre la publicité absolue telle qu'elle avait été fondée par la loi de brumaire. A côté d'un principe dont la généralité devait être impérieusement maintenue, poser des exceptions, ce n'était recourir qu'aux demi-moyens, c'est-à-dire, à la pire de toutes les situations.

En conséquence de ces critiques, des efforts nombreux ont été tentés pour ramener la législation du Code au principe de la publicité absolue : en 1841, en 1849, lorsqu'à diverses reprises il s'est agi de modifications importantes à introduire dans notre régime hypothécaire, des voix nombreuses se sont élevées pour demander la disparition de notre législation de ces hypothèques occultes. Mais le législateur n'a pas cédé à toutes ces réclamations et il a persisté à maintenir l'exception de ces hypothèques.

Est-il bien utile de faire ressortir les dangers que fait naître vis-à-vis des tiers, le caractère particulier de ces hypothèques? Ils sont assez flagrants pour qu'on les comprenne bien vite. Comment en effet le tiers acquéreur de l'immeuble du chef du mari ou d'un tuteur, connaîtra-t-il l'existence des hypothèques légales qui ne seront pas inscrites? Jusqu'à un certain point et depuis les excellentes innovations introduites par la loi du 10 juillet 1850, rendue sur les observations de M. Valette, il pourra, par la connaissance du contrat de mariage, arriver à celle de l'hypothèque légale de la femme:

mais vis-à-vis d'un tuteur, comment parvenir jamais à un semblable résultat ? Et remarquons-le, ce que nous disons du tiers acquéreur, est aussi vrai de toute autre personne qui, sous l'empire du principe ordinaire, peut opposer le défaut d'inscription ; c'est donc aussi bien contre les autres créanciers hypothécaires, et même contre les simples créanciers chirographaires, que se feront sentir le danger et les inconvénients de ces hypothèques occultes.

Que résultera-t-il de là ? Justement ce que la loi nouvelle devait avoir en vue d'éviter le plus énergiquement possible : un état de défiances continuelles qui ne peut que préjudicier au crédit et mettre en souffrance la propriété foncière.

Aussi, devant des inconvénients si graves et si clairement signalés, le législateur, tout en persistant à maintenir ces hypothèques, a dû chercher autant que possible à en restreindre les conséquences. Nous avons déjà vu le remède que la loi du 10 juillet 1850 pouvait offrir contre la clandestinité de l'hypothèque légale de la femme : la loi du 2 mars 1855 a complété ces tempéraments salutaires ; avant cette loi, la question de savoir si le caractère occulte des deux hypothèques de la femme et du mineur était une conséquence de la qualité de la créance, ou bien de celle du créancier, était vivement controversée, et il était important de lui donner une solution : en effet, si c'est à la qualité du créancier qu'est attaché le caractère particulier de ces hypothèques, il cessera naturellement avec ce créancier ou plutôt, avec sa qualité. Par conséquent, la femme veuve, le mineur devenu majeur, l'interdit relevé de son interdiction, rentreront sous la règle générale, et le défaut d'inscription de leur hypothèque leur deviendra parfaitement opposable.

De même lorsque la femme, dans les cas où elle le peut, aura cédé son hypothèque et subrogé le cessionnaire dans ses droits, le droit, en passant de la tête du créancier dont la qualité seule était le motif de son caractère occulte, sur celle du tiers subrogé qui n'aura plus cette même qualité, retombera sous le coup du principe de la publicité, et le défaut d'inscription redeviendra opposable.

Au contraire, que ce soit à la créance en elle-même que soit attaché le caractère occulte, tous ces effets changent : la veuve, le mineur devenu majeur et l'interdit relevé, continuent à jouir de leur hypothèque, sans être obligés de se conformer aux formalités de l'inscription : le tiers subrogé à l'hypothèque légale de la femme, profite lui aussi du bénéfice de la dispense d'inscription.

Comme on le voit, les conséquences de la question étaient fort graves : dans un cas, la clandestinité devenait absolue et ne pouvait tomber devant rien ; dans l'autre, au contraire, des circonstances déterminées ramenaient l'application des principes généraux et les exigences de la publicité par inscription.

La loi du 23 mars 1855(1), en décidant par ses dispositions que c'était de la qualité du créancier, et non pas de celle de la créance, que résultait le caractère occulte de nos hypothèques, est venue trancher la ques-

(1) Art. 6, 11.

tion dans son sens vraiment rationnel et équitable : les
tiers maintenant ne sont plus exposés à cette menace
perpétuelle de l'hypothèque occulte, et l'exception au
principe de la publicité n'est plus qu'une exception tout
à fait personnelle et essentiellement temporaire. Lorsque cessent les causes qui l'ont motivée, la règle commune et générale reprend son empire. Les inscriptions
doivent être, sous peine de déchéance, prises dans le
délai déterminé; et quant aux subrogations, toujours
et dans tous les cas, elles doivent être de suite soumises aux formalités de la publicité, soit par une inscription de leur hypothèque, soit, lorsque cette inscription existe déjà, par une mention spéciale, et cela
sous peine de perdre les droits inhérents à l'hypothèque subrogée.

Ces réformes, que nous signalons, semblent avoir
restreint dans des limites désormais raisonnables les
hypothèques occultes. Les risques que faisait courir
leur non-publicité sont sensiblement diminués. La
dissimulation des charges qui, pendant le mariage ou
la tutelle, pèsent sur les biens du mari et du tuteur,
sera désormais d'autant plus difficile, que la publicité
qui entoure les actes qui en sont les causes efficientes,
est aujourd'hui reconnue suffisante. Enfin, la crainte
d'être primé par une hypothèque légale dont on ignorait l'existence, ne pourra se réaliser que dans des
cas si rares, qu'elle n'arrêtera pas, le plus souvent,
ceux qui voudront contracter avec les maris ou tuteurs,
et ainsi le crédit foncier ne pourra plus rencontrer
dans ces hypothèques occultes des entraves sérieuses.

Avant de terminer ici l'étude des caractères généraux

de l'hypothèque, rappelons que ces caractères ne sont pas absolument propres et particuliers à cette sûreté réelle. Les privilèges immobiliers, que l'on a du reste appelés, avec raison, des *hypothèques privilégiées*, sont, eux aussi, soumis aux principes de l'indivisibilité et de la spécialité et, dans une certaine mesure même, à ceux de la publicité.

POSITIONS.

—

Doit Romain,

I. Si deux personnes ont accepté en dépôt la même chose, elles sont tenues *in solidum*, mais non pas comme deux *correi promittendi*.

II. Le pupille peut s'obliger naturellement.

III. La perception des fruits par le possesseur de bonne foi ne constitue pas un mode particulier d'acquisition.

IV. La *condictio indebiti* doit être accordée même à celui qui a payé l'indû par erreur de droit.

Droit Coutumier.

I. La réintégrande n'est pas une action possessoire.

II. La saisine héréditaire est collective et *in solidum*, et non pas particulière et *pro parte emolumenti*.

III. Dans la maxime : *Propres ne remontent pas*, est l'origine du droit de retour légal des ascendants.

Droit Français.

I. L'héritier réservataire, donataire en avancement d'hoirie, ne peut, en renonçant à la succession, retenir son don jusqu'à concurrence de la quotité disponible et de la réserve cumulées.

II. Les donations faites entre futurs époux par contrat de mariage sont révocables pour cause d'ingratitude.

III. La dot mobilière est aliénable.

IV. Il n'y a, en Droit Français, qu'une seule application de la maxime : *En fait de meubles, possession vaut titre*.

V. La femme, qu'elle accepte la communauté, ou qu'elle y renonce, n'a pas le droit d'exercer ses reprises en valeur par voie de prélèvement et de préférence ; son droit à cet égard est un droit de créance et non un droit de propriété.

Procédure Civile.

I. En matière d'ordre, pour décider si l'appel d'un jugement sur contredits est recevable, il faut examiner si quelqu'un des créanciers contestants ou contestés a, dans le litige, un intérêt supérieur à 1,800 fr.

Droit Criminel.

I. La peine de mort prononcée par les tribunaux militaires n'est pas toujours infamante : elle l'est toujours, au contraire, dans les condamnations pénales ordinaires.

II. La compétence des tribunaux militaires cesse, dans certains cas, à raison de l'indivisibilité de la poursuite résultant de la complicité ou de la connexité.

Droit Administratif.

I. En matière d'expropriation pour cause d'utilité publique, l'autorité administrative est compétente pour apprécier, non-seulement les dommages *temporaires*, résultant des travaux autorisés, mais encore les dommages *permanents*.

II. Les cours d'eau non navigables et non flottables appartiennent à l'État.

Vu pour M. le Doyen en congé :

Le plus ancien des Professeurs présents,

A. RODIÈRE.

Vu et permis d'imprimer :

Pour le Recteur empêché,

L'Inspecteur d'Académie délégué,

CAHUZAC.

TABLE DES MATIÈRES.

---◦—◦---

NATURE ET CARACTÈRES GÉNÉRAUX DU DROIT D'HYPOTHÈQUE.

PREMIÈRE PARTIE.

Nature du droit d'hypothèque.

DEUXIÈME PARTIE.

Des caractères généraux du droit d'hypothèque.

Toulouse, imp imerie Troyes Ouvriers Réunis, rue St-Pantaléon, 5.

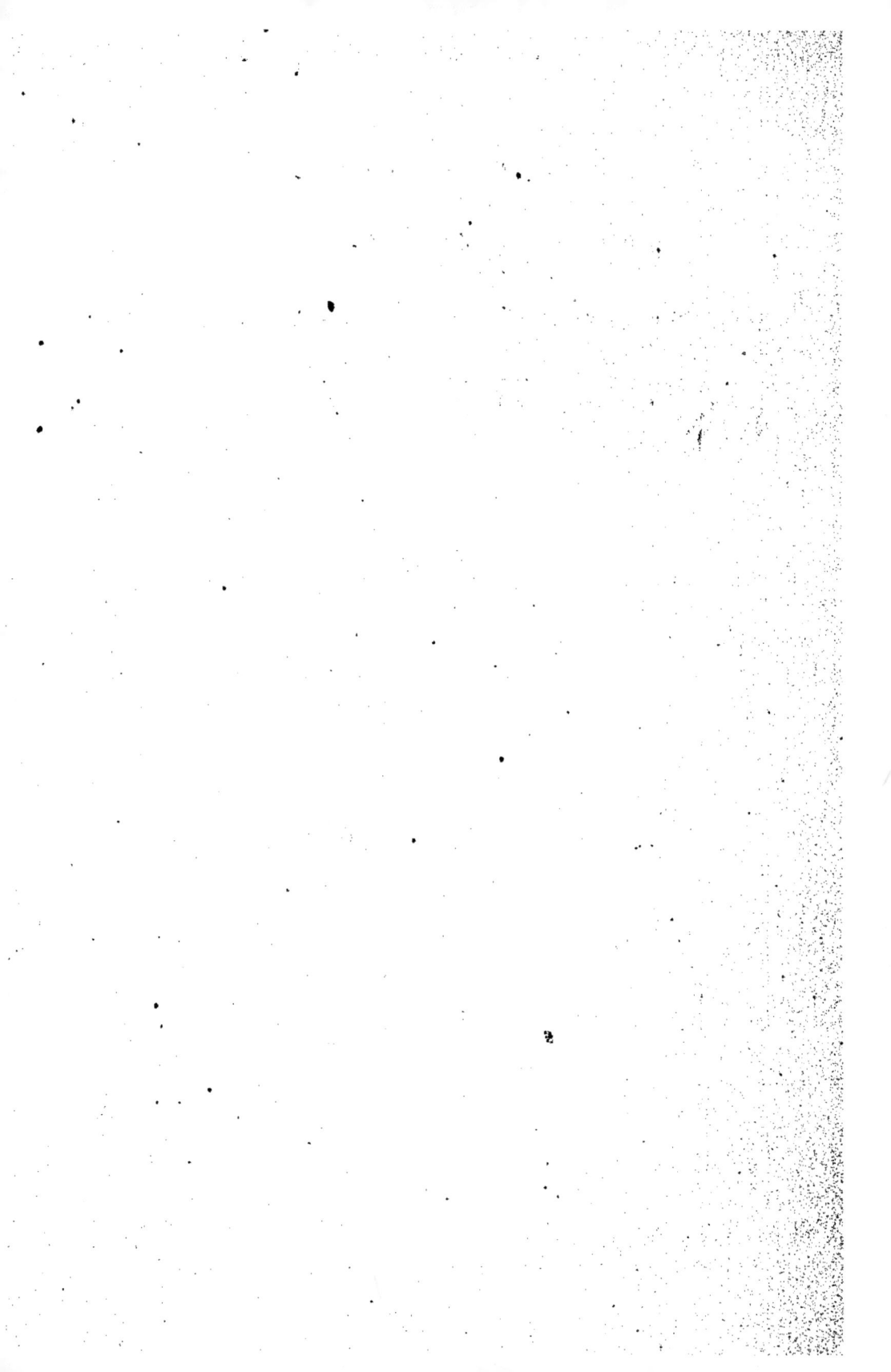

www.ingramcontent.com/pod-product-compliance
Lightning Source LLC
Chambersburg PA
CBHW071908200326
41519CB00016B/4536